달이 **별빛**을
사랑하는 날

샘문시선 1028

정세일 시선집
한용운 문학상 수상 시집

달이어서 달이어서 혼자만 외로이 언제나 그렇게
밝게 하늘높이 구름 가까이 떠있어야 하는
그를 볼 때 오늘같이 마음이 구름처럼 울렁거릴 때
우리 어머니의 그 포근한 손수건으로 그의 목이
따듯해지도록 감아주고 싶어집니다
〈달의 눈물을 닦아주고, 일부 인용〉

아름다운 동산에서
물이 흐르는 시냇가에서
새소리라도 들리면
그 숲속에서
언제나 당신을 만날 수
있는 꿈길을 갑니다
〈꿈길을 갑니다, 일부 인용〉

그 숲속에서는 달빛이 비치는 곳마다 방아깨비소리와
여치소리 그리고 딱따구리의 잠들지 못하는 그 소리 때문에
오늘밤은 잠들지 않고 하얗게 내리는 이슬을
담으려고 잠들지 못하는 풀잎들이 순결함만이
온통 고개를 끄덕이고 있다

〈사랑이란, 일부 인용〉

_____ 님께

_____ 년 _____ 월 _____ 일

_____ 드립니다.

도서출판 샘문

한용운문학상 수상작가

달이 별빛을 사랑하는 날

정세일 시인

꽃의 마음으로 자연에 순응하는
시인이고 싶다

　1998년 12월 2일 첫 시집으로 "나는 당신의 숲속입니다" 시집을 출간하였습니다.

　그리고 20년 후 한용운문학상 수상 시집으로 제2집을 출간할 수 있게 되어 기쁘기 이를 때 없습니다. 지도와 추천을 아끼지 않으신 사단법인그룹 샘문 이정록 이사장님께 감사의 말씀 드립니다.

　언제나 글을 쓰고자 하는 마음은 꽃의 마음으로 불평하지 않고 자연에 순응하여 비와 바람이 되고자 함이니, 봄과 여름 가을 그리고 겨울, 오랜 기다림은 애태움의 시작으로 마음 끝에서 눈물로 맺혀 보석 같은 영롱함을 담고자 하는 마음입니다.

　그렇게 처음 사랑이 안개꽃이 되어 은빛 종소리 하나를 아지랑이 엽서에 넣어 보내오는 찬란함이 오늘도 숲에서 고요히 기다립니다. 참으로 아름다운 날, 나는 당신의 숲이 되어 그리움을 오늘도 기다립니다 이 순결함의 눈물이 마르지 않도록 아름다운 청초한 숲속 마음이 가진 비밀을 아무에게나 보여주지 않았던 태고의 신비 같은 그리움을 향한 마음입니다.

　그렇게 날마다 기도하는 마음으로 글을 쓰고 기다리는 이 애태움이 다시 나무가 되어 오늘도 고운 햇살을 입고 나뭇잎 하나 바람의 이야기를 들어줄 수 있는 마음의 눈으로 멀리 보이지 않는 두 손을 곱게 잡을 수 있도록 천 년이 외치는 함성을 듣고 있나 봅니다.

시인의 말

　이렇게 하얀 눈으로 내려진 그렇게 쌓여진 빛들이 도도한 강물이 됩니다.
　바람의 마음으로 읽어야 알 수 있는 숲과 보라색의 수선화의 마음이 소낙비와 노란색 유리의 마음을 캐내고 있는 기다림과 서로의 꿈을 나눈 순수의 성에서 꽃이 피기를 소망했었습니다.

　꿈이 현실이 되어 좋은 날, 서설의 하얀 눈이 축복의 아침을 만듭니다. 눈물이 나도록 감사합니다. 영광스러운 한용운문학상을 수상하기까지 지도와 격려를 주신 문학그룹 샘문 이정록(이사장) 교수님과 심사위원장이신 이근배 회장님과 심사위원님들께 감사의 말씀을 전합니다.

　그리고 저의 가족들에게 이 영광을 돌리고 사랑하고 고맙다는 말을 전하며, 존경하고 사랑하는 친구들고 모든 지인, 문단 문우님들께도 감사의 말씀을 전합니다. 끝으로 저를 사랑해주시는 독자 여러분들께도 감사의 말씀 전합니다. 대단히 감사합니다.

　　　　　2022년 1월 30일

　　　　　시인 정세일 드림

그의 시詩는 서정적 절규와 혼의 울림이 있는 시詩다

샘터 이정록(시인, 수필가, 교수, 문학평론가, 칼럼니스트)

눈과 심상이 아름다운 사람 누구도 찾을 수 없는 세상의 보물을 발견하곤 한다. 정세일 시인은 가슴으로부터 토해내는 이야기들을 들으면 가슴이 찡하다.

고령의 할아버지 할머니에 대한 그리움과 아버지 어머니 누나 동생에 대한 사랑, 본향에 대한 향수가 그의 시에 은은하게 배어 있고 특히 측은지심이 잔뜩 묻어있어 상처받은 자들을 위한 치유의 노래와 사회적 약자들을 보듬고 그리운 사람들을 소환하는 그의 시어는 독자에게 깊은 울림을 줄 것이다. 보편적 가치가 물씬 풍기는 작품들이다.

정세일 시인은 20년전 제1집인 〈나는 당신의 숲속입니다〉를 출간 후 2021년 11월경에 본 필자가 운영하는 사단법인 문학그룹 샘문이 주최*주관하고 서울특별시와 중랑구가 선정*후원하는 한용운문학상 공모전에 시부문에 응모하여 당선되어 등단한 수제이다. 이제 그는 명실공히 기성시인이다. 그런 그가 이번에는 두 번째 시집, 〈달이 별빛을 사랑하는 날〉을 펴낸다니 축하와 격려의 말을 전한다.

필자의 경험으로 볼 때 한 권의 시집을 엮어 내는 과정은 맨발로 가시밭길을 걸어야 하는 고통스러운 수행이다. 고생했다고 전하고 싶다. 정세일 시인은 산업 전사다. 직장생활을 하면서도그 와중에 짬을 내어 시를 쓰고 수필을 쓰는 문필가이며 최상의 지성인이고 사람들의 감성을 지배하고

서문

위로하고 치유하는 마법사다.
하지만 어찌 창작이 쉽겠는가. 한 편의 시를 쓰기 위해 시인은 하루종일 일을 하고 고단한 몸과 정신으로 숱한 고뇌의 밤을 하얗게 지새우며 고독감, 절망감, 그리고 허탈감 따위의 쓰디쓴 감정들을 추슬렀을 것이다. 가시밭길을 걸었을 것이다. 그런 그의 시들을 가벼운 마음으로 시인의 시를 읽으며 내면을 들여다보기 시작했다. 허락받은 훔쳐보기다.

詩의 최고의 이상은 서정적 절규다. 혼의 울림이 없는 詩는 詩가 아니다.
현대시의 비평은 메타비평이다. 메타비평에는 숭고미, 골계미, 비장미, 우아미 등이 있으며 이 요소들은 생각을 키울 것이다. 그의 작품들은 이러한 문학적 요소들이 골고루 녹아 있고, 그의 서정성은 지구의 지장을 뚫고 우주로 향하고 모천母川으로 향한다. 한나라의 문화는 詩를 통해서 순도를 감정할 수 있다. 시인의 시는 순도가 높다.

그는 깨어 있는 시인이고 가슴 뛰는 시인이고 이해와 용서에 시인이다. 두 번째 시집을 펴내며 가시밭길의 접어든 권정선 시인에게 상투적 과찬은 어울리지 않겠으나 필자는 감히 칭찬을 아끼지 않고 싶다. 시를 읽다 보니, 지난 40년간 거리의 시를 쓰며 시만 쳐서 먹고 살 수 없어서 사업을 하면서 많은 근로자들과 소외계층을 벗으로 여기며 살았다, 자칫 잃어버릴 뻔한 순수한 사명자의 첫사랑과 처음의 열정이 다시 떠올라 이내 나를 뜨겁고도 촉촉하게 만든다.

앞으로 늘 깨어 있는 시인으로, 늘 가슴 뛰는 시인으로, 우리 문단에 새로운 바람을 일으키는, 문인으로, 자리매김하기를 바라며, 선한 시심이 고스란히 전달되고 공감이 되어 독자들로부터 많은 사랑을 받기를 기도하며, 끝으로 거듭 축하드린다.

한용운문학상 수상집

달이 별빛을 사랑하는 날

정세일 서정시집

꽃의 마음으로 자연에 순응하는 시인이고 싶다 ·············· 4
서문 _ 그의 시는 서정적 절규와 혼의 울림이 있는 시다 ····· 6

1부 자아의 고뇌

하얀 눈이 내리는 날 ················· 14
님의 새벽을 적시는 ················· 16
그 여름날 ····························· 17
바다를 싣고 달리는 새벽 기차 ······ 18
수학여행 열차 ······················· 19
달처럼 생각이 밝은 밤 ············· 20
자아의 고뇌 ·························· 22
방문에 걸린 밤나무 ················ 23
독립 ··································· 24
무지개 찾는 아기새 ················ 26
깨달음 ································ 28
찔레나무 설화 ······················ 30
날개가 없어 슬픈 날 ··············· 31
둥지 ··································· 32
고향 마당 풍경 ····················· 34
산자락에 걸려있는 밭 ············· 36
가을을 먹고 놀던 때 ··············· 38
물 풍경소리 ························· 39
청채골 은종 ························· 40
첫눈 ··································· 42
고드름 ································ 44

2부 치유의 숲

새벽이 펜 보석 ·················· 46
기다림 ························ 47
순결한 꽃잎 하나 ················ 48
당신의 정원 ····················· 50
동백꽃 ························ 52
꽃잎 편지 ······················ 54
별들의 교향곡 ··················· 55
외로운 달 ······················ 56
사랑의 호숫가 ··················· 57
별의 가슴에 ····················· 58
영혼의 종소리 ··················· 59
치유의 숲 ······················ 60
가슴에서 피어나는 꽃 ·············· 62
오월의 여왕 장미 ················· 63
달이 별빛을 가지러 오는 날 ········· 64
나의 마음속에는 ·················· 66
난, 별 중에 별 ·················· 68
그대 생각 ······················ 69
찬란한 사랑 ····················· 70
꿈길 ·························· 71
신세계 ························ 72
간직한 약속 ····················· 74
그대 기다린 날들 ················· 75
달빛이 없는 날은 ················· 76
당신이 바라보시면 ················ 78
임 생각 ························ 79
사모하는 마음 ··················· 80
변하지 않는 사랑 ················· 82

3부 어머니의 눈물

어머니의 눈물 · 84
읍내 장날 · 85
형의 유학 · 86
어머니의 가르침 · 87
어머니의 보석 단추 · 88
어머니가 만들어준 손수건 · 90
마음이 그리우면 하양 우옵니다 · 92
바다는 어머니 치맛자락 · 93
세월을 다스리는 법 · 94
바다에 내려온 산 · 96
옹애 · 97
석상산 외할아버지 · 98
아흔아홉 살 되도록 · 100
할아버지의 고독 · 102
외할아버지네 염소들 · 104
강산자락 할아버지 · 105
아침햇살 거둬 올리는 할아버지 · 106
할머니의 수제비 · 108
할머니의 어죽 · 109
할머니의 배춧국 · 110
산판 · 112
용포리 도솔비국 · 114
보를 만드는 날 · 116
온 동네 천렵하는 날 · 118
꼬랑지 논 · 120

4부 꿈을 먹고 살았던 시절

여름밤의 공포 ·············· 122
도깨비불 ·············· 123
은모래 금모래 ·············· 124
추억의 물레방아 ·············· 125
허수아비 꿈 ·············· 126
여름날 망중한 ·············· 127
달 밝은 밤, 숨바꼭질 ·············· 128
남대천 여름날 하루 ·············· 129
개헤엄 ·············· 130
파란 낙서 ·············· 131
개구리가 우는 날 ·············· 132
누나의 색동옷 ·············· 133
여름날 원두막 ·············· 134
복숭아 원두막 ·············· 135
복숭아꽃 ·············· 136
식목일 ·············· 137
추억의 검정고무신 ·············· 138
풍금 ·············· 140
첫 휴가의 추억 ·············· 142
고구마 감자 캐는 날 ·············· 144
꿈을 먹고살았던 시절 ·············· 146
왕방울만한 소낙비 ·············· 148
별이 내리는 운동장 ·············· 149
떠돌이 약장사 ·············· 150

5부 나는 바람이었습니다

사노라면 · 152
배려 못한 상처 · 153
나는 바람 이었습니다 · 154
별을 닮은 눈이 큰 아이 · 155
잠 못 이루는 밤 · 156
파라다이스 · 157
보리처럼 생각이 익는 날은 · · · · · · · · · · · · · · · · · 158
향노산 보리 바람 · 160
달빛소나타 · 162
백구석 황금모래 · 164
만월 · 165
사랑하는 가슴을 가진다는 것은 · · · · · · · · · · · · 166
뒷산이 툇마루 앉아 · 167
강변의 추억 · 168
네 개의 태양 · 169

1부
자아의 고뇌

하얀 눈이 내리는 날

하얀 눈이 펑펑 소리 나도록
내릴 것 같은 마음으로 하늘을 바라보니
벌써 나의 마음은
고향 앞동산에 올라가
어린 동생을 등에 업은 채로
눈이 내리는 길로 미끄럼을 탑니다

잘 미끄러지도록 가을 솔잎을
산허리에 뿌려놓은 곳에서
동생과 나는 하나가 되어
몸속에서 눈 내리는 소리가 나도록
미끄럼을 타고 있습니다

가슴에 펄썩거리는 기쁨으로 가득 차
볼은 빨갛게 얼고 손이 얼얼해도
동생과 나는 서로의 체온을 느끼며
앞산 언덕이 흩어 내리도록
힘차게 미끄러져갑니다

하얀 함성소리에 온몸을 적시고
콧속으로 들어온 눈에 숨이 막혀도
큰 길 가까이 단숨에 내려갈 수 있는 언덕,
오늘같이 내 가슴에 내리는 날은
앞동산 솔가지 바람소리로
잃어버린 추억을 부르고 있습니다

님의 새벽을 적시는

주님!
주님을 향해 새벽을 적시는
아침 이슬 같은 순결함 때문에
눈물을 흘릴 수밖에 없는
청년들의 여린 마음이 여기 있습니다
오직 주님을 사랑하기에
눈물을 흘릴 수 있는
순결한 마음이 여기 있습니다

주님!
주님을 향해 샤론의 수선화처럼
꽃봉오리가 열리는 부끄러움으로
하늘 소리 들을 수 있는
청년들의 여린 마음이 여기 있습니다

오직 주님만을 사랑할 수 있기에
꽃의 열림과 차오름으로 순결한 눈물을
온 가슴 다 적시도록 눈물 흘릴 수 있는
청년들의 여린 마음이 여기 있습니다

오직 님을 사랑하기에
오직 님을 사랑하기에 말입니다

그 여름날

여름날 가슴까지 차오르는 뜨거움으로
보리밭 일을 끝내고
얼굴과 가슴이 다 익어버려
온통 벌겋게 겨울 홍시 되어
잘 삭은 감식초 냄새가 숨 쉴 때마다
나에게서 나는 날은

앞 냇가 다리 기둥 밑에
흘러 돌아가는 물들이
커다란 웅덩이에 고여 있는 그곳에는
온몸이 얼어붙는 물도 솟아나고
숨소리가 차도록 깊어지는
키가 훌딱 넘는 물속으로
옷을 입은 채 풍덩거리는 맛이란

한 여름날 뜨거움으로
비록 가슴은 데이는 날이지만
물 안에서 온몸이 식기에
목마름은 가시고
발바닥부터 가슴까지 차오르는 시원함에
고단했던 하루는 다리 밑에 들어 누웠습니다

바다를 싣고 달리는 새벽 기차

새벽에 달리는 기차는
바다를 담고 달리고 있어
눈을 감지 않아도 들려오는 소리
파도 소리 때문에
먼바다로 마음은 벌써
밀려가고 있다

철썩거리는 파도 소리
덜커덩거리는 뱃고동 소리
그렇게 흔들리며 잠들고 싶어 하는
사람들이 졸린 듯
흔들거리는 뱃머리를 느끼며
섬이 보이는 곳으로 가는
꿈을 꾸고 있다

그들은 꿈속에서라도 두고 온 고향
뱃고동 소리를 잠결에라도 들으면
벌써부터 마음은 가방을 들고 내리는
선착장에 있는 꿈을 꾼다
그래서 새벽에 달리는 기차는
파도 소리를 가득 안고서
바다 위를 달리듯 덜컹거리며
아침 공기를 가르고 있나 봅니다

수학여행 열차

새벽이 꼬리를 물고 기차가
먼 길을 돌아서 갈 때
완행열차를 타고 수학여행 갔던 기억이
내 앨범에 들어있습니다

하얀 교복을 입고서
작은 기차역 영동역에서 기차를 타느라
아침부터 줄을 서서 기다리던 때
학급별로 기차를 타고
장기자랑으로 목이 터져라 노래 부르고
병도 두들기고 기타도 치면서 흥겹게
추억의 완행열차를 타고 가던 기억들이
내 가슴에 소중하게 들어있습니다

고향 앞으로 가는 열차가
지나가기라도 하면
나 그토록 맑고 청순하게
기차처럼 새벽을 꿈을 싣고 달렸던
그날들을 언제나 소중하게 생각하고 있습니다

달처럼 생각이 밝은 밤

오늘은 달처럼 생각이 밝아서
다리를 건너 옆 동네
신작로에 말없이 서 있는
미루나무 그림자에 키도 대보고

어두운 골목길 환하게 대낮처럼 밝혀도 보고
그릴 듯 들리는
할아버지의 깊은 노랫소리 들으려고
달처럼 강물을 따라
다리를 건너가고 있습니다

하루가 힘들고 땀나는 날에도
할아버지는 가슴까지 들어온 땀을
뒷마루에서 목침을 베고
달 부르는 깊은 노래를 하셨는데
오늘 달처럼 생각이 밝아서
찾아가는 그곳에서
할아버지는 노래를 흥얼거리고 있으셨다

오늘은 달처럼 다리를 건너서
고향 뒷마루에 앉아본다면
할아버지의 잠들지 못하고 흥얼거리는
노랫소리 때문에
고향을 다시 찾은 나의 가슴은
온통 달처럼 벅차오른다

자아의 고뇌

생각이 둘이어서
나는 나 자신을 알 수가 없습니다
마음을 다스리려 해도
생각이란 놈이 두 갈래로 달려가서
나는 마음이란 놈을 잡지 못하고
놓치기 일쑤입니다

한 편의 생각은
한없이 순결하고 아름다운데
또 한편의 생각은
더럽고 추악한 생각을 해서
가슴속을 흐리게 하고 있습니다

사랑을 생각하면
미움을 생각하게 하고
고귀함을 생각하면
비천함을 생각하게 하는
나의 마음속에 들어있는 두 가지 생각
늘 서로 싸우고 돌아서느라
정돈하지도 못하고
나의 마음은 두 갈래가 됩니다

방문에 걸린 밤나무

외할아버지 고모 방문 앞에
밤송이가 열리면
지붕을 덮고 있는 밤나무 가지를
손으로도 잡으실 수 있었다

무주에서 적상까지 이십여 리를
외삼촌과 나는 걸어서
외삼촌 고모가 사시는 산자락에
가을이면 밤을 따러 갔다

외삼촌의 고모 방문 앞에는
호두나무도 있어서
산골짜기 타고 흘러내리는 물에
호도를 비벼 깔 수가 있다

한낮 뜨거움을 피해 웅덩이에서
땀도 씻고 발도 담그고 물장구를 치며
우리는 그렇게 또 시작되는 가을을
그 산에서 만나곤 했다

독립

비가 세차게 오고 바람도 부는 날
날개가 없는 아기 새는
풀숲에서 어미 새에게 말했다

"엄마 왜 나는 엄마의 품속이
따스한지 모르겠어요
비가 오고 바람이 불어도 말이에요"

어미 새가 날개 없는 아기 새에게
이야기 한다

"아가야 너는 날개가 없어 엄마 품속에서
가슴을 웅크리기만 해도
엄마 가슴이 너에게 닿을 수 있어
가슴이 따듯해진단다
그렇지만 아빠처럼 날아갈 수는 없잖니"

그러자 날개 없는 아가 새가 말했다

"엄마 나는요 날개가 나지 않았으면 좋겠어요
늘 엄마의 품속에서 꿈을 꾸며 따스하게 살고 싶어요"

그러자 엄마 새는 고개를 저으며 말했다

"아가야 날개가 없으면
엄마 품속만 볼 수 있지만
날개가 있으면 푸른 하늘을 날아서
한달음에 강을 건너 날 수가 있고
엄마랑 아빠랑 이야기하면서
비가 많이 내리지 않고
바람도 많이 불지 않는
저편 숲으로 날아갈 수가 있단다"

무지개 찾는 아기새

무지개를 좋아하는 아주 작은 새가
아침 숲 사이로 햇살이 비칠 때
무지개가 온 숲에 가득 차 있는 것을
작은 새는 어미 새와 아빠 새에게
무지개를 가져다 달라고 조르며 운다

아빠 새와 어미 새는
잠에서 덜 깨어난 상태였고
새들이 사는 숲속은
어느새 작은 새의 울음으로 가득 차
숲속 새들은 잠을 모두 깨고 말았다

어미 새는 졸린 눈으로 날개를 퍼덕이며
아빠 새와 무지개를 찾으려 나섰다
작은 고집 센 아기를 달래려면
무지개를 찾아서 갈 수밖에 없어서
온 숲을 다 헤매고 다녔다

아침이슬이 떨어져 내린 숲속에는
무지개도 땅에 다 떨어지고
가슴이 축축하도록 젖고 날개도 젖었다
울고 있을 아기 새를 생각하지만
벌써 무지개는 그 숲속에서
다시 찾을 수 없었다

깨달음

까치와 비둘기가
어느 날 우연히 마주쳤다
까치는 은근히 비둘기에게
자랑하고 싶은 마음이 생겨서
비둘기에서 이렇게 말했다

"비둘기야! 비둘기야!
너는 몸집이 작고 날개가 작아서
우리처럼 높은 곳에서 살 수 없을 것 같구나
나를 보려무나 커다란 날개가 있어서
먼 곳으로 날아가 나무를 가져다
높은 곳에 집을 짓고
푸른 하늘과 넓은 들을 바라보고
아름다운 강을 멀리서도 볼 수 있어서
늘 행복하게 산단다"

그러자 비둘기는 까치에게
살짝 웃으며 대답을 한다

그래 까치야 너는 높은 곳에서
언제나 행복해서 울고 있지만
너희 둥지를 헤치려는
갈퀴손을 가진 사람들이 올 때도
너희는 높은 곳에서 행복하고 울고 있니?
우리는 비록 사람들이 만들어준
나무판자 속에서 살지만
그래도 우리 둥지는 언제나 따듯하게
반겨주고 있단다"

까치는 그제야 자기의 집이
높은 곳에 있어서
작은 바람에도 흔들린다는 사실을
깨닫게 되었다

찔레나무 설화

학교가 늦게 끝나고
차비가 없어 혼자서 강가를 따라
용포리 집까지 걸어서 간 날

강가에 잎을 다 피우고
커다란 둥지처럼 웅크리고
뒤돌아서서 앉아있는 찔레나무 넝쿨을 보면
누군가라도 숨어있는 것 같아서
겁 많은 나는 무서움을 타고 있었다

홍수가 지나가고 찔레나무에
갈가리 찢어진 흰 걸레도 걸려있고
검은 비닐도 흰 종이들도 걸려있어
바람이 불면 찔레나무가 흔들리는 것 같아
강가를 거니는 발걸음 재촉하였다

읍내 장을 갔다오다가
찔레나무에서 도깨비를 만나 씨름을 하다가
온몸이 긁힌 채로 새벽녘에야 돌아온
옹기장이 아저씨 얘기를 듣고 난 이후로는
내 발걸음은 강가를 지나는 동안
숨 헐떡이며 달리게 만들었다

날개가 없어 슬픈 날

비 오는 날, 날개가 없어서
날아갈 수 없는 나의 마음은
당신이 기다리고 있으실 것만 같아
숲속으로 달려가고 있습니다

비 오는 날, 날개가 없어서
날아갈 수 없는 나의 마음은
당신이 기다리고 있으실 것만 같아
가슴이 다 젖은 채로
풀처럼 웅크리고 앉아있습니다

왜 아침 안개는 내가 잠든 사이에
나의 날개를 걷어갔는지 모르겠습니다
왜 아침 햇살은 나의 깊은 잠에서
아름다운 꿈을 깨게 했는지 모르겠습니다

그처럼 꿈을 꾸며 당신의 숲속을 생각할 때마다
훨훨 새처럼 날아갈 수가 있었는데
왜 아침햇살은 고운 빛으로 닦아와
나의 얼굴과 가슴을 온통 젖도록 뿌리는지
정말 나도 모르겠습니다

둥지

당신의 가슴에 기대어
새처럼 잠들 수 있다면
당신의 포근하고 넓은 날개 아래
나는 마음과 생각을
깃털처럼 동그랗게 모아서
둥지를 만들려고 생각 합니다

새처럼 잠이 드는 날은
시샘 많은 바람이
나의 마음을 온통 흔들어도
나는 당신 날개 아래 만들어놓은 둥지에서
깊은 잠을 들 수 있을 것 같습니다
당신의 날개는 넓어서 세상을
다 덮을 수 있으니까요

비바람과 천둥과 번개가
나의 작은 가슴을
놀라게 하려고 찾아도 오겠지요
그러나 당신의 날개 아래
흔들리지 않는 둥지 안에서
새처럼 깊이 잠드는 날은

비바람이 불고 천둥번개가 쳐도
나는 새근거리며
작은 가슴을 당신의 품에 기대고
잠을 잘 수가 있습니다

고향 마당 풍경

산 위에서 산끝 바람을 타고 달려온
가슴을 한순간에 식히면서
고향의 제일 높은 산꼭대기에서
수백 년 서있는 소나무처럼
손을 들어 눈썹 가까이 대고
동그란 금빛 초가지붕을 바라보면
정답고 아름다워 보인다

가을을 매달은 고향의 지붕 위에
달을 닮은 커다란 박이라도
여러 개 올려놓으면
고향 가을 풍경은 평화로워
정겨움이 눈물처럼 차 올라옵니다

실바람에 눈을 크게 뜨고
한순간에 보이는 마당에는
가을을 익히는 할머니 마당에는
가을 고추는 고추잠자리로 나는
고향 마당 정경은 아름답고 정답습니다

한쪽 마당에서 머리에 흰 수건을 쓰시고
고소함이 온몸에 베이는 가을 깨를 터는
할머니 나무막대기의 춤사위는
입 안에 하나 가득 고소함이 들어오는
고향의 풍경입니다

산자락에 걸려있는 밭

산자락에 돌을 캐내고
억세게도 뿌리가 깊은
아카시아 나무를 캐내서 만든
산허리에 간신히 걸려있는 우리 밭에
할머니는 밭두렁에 한쪽에는
넓적한 콩을 심어 콩이 열리는 날이면
형제들은 삶은 콩을 먹을 수 있었다

밭 한쪽에 아카시아 나무가
가지를 벌리고 있는 곳에도
할머니는 그곳에 들깨를 뿌리셔서
들깻잎과 콩잎 따는 가을에는
할머니 솜씨가 살아있는
묵은 된장에 묶어 넣어서
장아찌를 만드셨다

그렇게 우리 집 산허리에
간신히 걸린 밭에서 가을이 되어
하얀 콩이라도 거두게 되면
콩을 삶아 메주도 만들고
맷돌에라도 돌리는 날이면

김이 모락거리는 두부를 만들어
가을밤 달을 보면서
두부에 양념간장을 찍어
저녁을 맛있게 먹었다

그렇게 우리 집 산허리에
간신히 걸려있는 밭은
해마다 한쪽에는 심지도 않았는데
스스로 떨어진 콩도 다시 나고
들깨도 저 혼자서 무성하게
태어나고 있었다

가을을 먹고 놀던 때

가을 들판에서
머리 숙인 수숫대를 잘라오고
논둑에 심어져 있는
콩을 한 다발 뽑아서 가져오면

밥솥에 하나 가득 푹푹 삶아서
우리들 손에 하나 가득 들고서
골목길을 아래위로 달리며
그렇게 가을을 헤집고
우리들은 놀았었지요

가을 들판에는 멋대로 자란 옥수수도
몇 그루 있어서 이가 엉성하게 빠진
옥수수라도 몇 개 따오는 날은
할아버지가 군불 때는 아궁이에 구워
노릇노릇 익은 옥수수를
먹기도 하였지요

가을이 오는 들판에는
그토록 고소함이 많아서
우리들은 가을을 다 헤집고
골목길을 누비며 놀 수 있었지요

물 풍경소리

청재골 산꼭대기에서 흘러내리는 물은
골짜기 겹치는 곳으로 흘러 들어와
맑은 물소리는 종소리처럼 울린다

가재들이 산 아래서 산 중턱까지
돌 있는 곳에는 어디든 살고 있는 곳
그래서 청채골은 여름이 되면
빗소리도 몰려오고 구름소리도 몰려와
아이들이 집에 갈 줄 모르고 노는 곳

나무들이 우거지고
물이 흐르는 그늘에 앉아
가재를 잡으며 노래라도 부르면
몸과 마음의 땀이 식어지는 곳

물빛도 골짜기처럼 녹색이어서
온통 가슴이 물들어
산골짜기처럼 눕고 싶은 곳
언제든 가기만 하면
푸른 빗소리와 푸른 구름을
만날 수 있는 곳

청채골 은종

겨울날 눈이 내리는 날
산 중턱에서 흘러내리는 맑은 물은
골짜기마다 얼음 은종을 만들어
흐르며 바위에 부딪힐 때나
골이 굽어진 곳이나
나무뿌리가 걸리는 곳에서
댕댕거리는 맑은 종소리를 낸다

겨울 목마름을 하얀 눈으로
식힐 수 없는 날이면
청채골 골짜기에는 물소리가 나는
은종들이 흘러 내려와
커다란 종처럼 생긴 웅덩이에서
잃어버린 종소리 가득 담듯이

손이 아리도록 물을 떠서
한 아름 입에 넣기라도 하면
임 기다리다 벗어진 싸리나무 회초리같이
아픈 마음이 차오르는 종소리로
겨울바람이 차오르고 있다

이가 시리도록
온통 가슴이 시리도록
하얀 종소리가 나는 은종은
내 가슴속에서 끊임없이
댕댕거리고 있다

첫눈

너를 기다리는 동안 첫눈이 된다
온 세상을 덮을 수 있는
소복 거리는 소리가 나는 마음이
하얀 첫눈이 된다

네가 그토록 잠든 사이
날개소리 없이 찾아온 새처럼
아침에 당신이 있는 곳에서
제일 먼저 순결하고 아름다운 소리로
노래할 수 있는
네가 바라볼 수 있는 나는
첫눈이 된다

강도 산도 들도 불어오는 바람조차
잠들게 하는 너의 잠든 숨소리가
조용한 그곳에서
나는 너의 가슴을 하얗게 채우려고
아침에 눈을 뜨면 감격으로 바라볼 수 있도록
첫눈처럼 소복거리며 밤새 쌓인다

너의 새하얀 마음으로 다시 깨어난 아침에
나는 온 세상을 하얗게 다 덮고
당신이 빛나는 아침햇살에 가슴이 다 물들도록
나는 첫눈이 되어 밤새도록 소복거리며
온 세상에 쌓인다

고드름

첫눈이 초가지붕에 매달려
아침에 햇살이 비치면
고드름을 만들어 둥근 초가지붕이
온통 눈물을 흘리는 날
빨랫줄을 받치는 대나무 장대를 가져와
나는 지붕을 흔들어서
고드름을 따고 있다

수정같이 맑은 고드름은
그 안을 자세히 들어다 보면
사람 모습이 길쭉하고 둥글게 비쳐지고
그 안에는 앞산도 마당도
길쭉하게 다 들어있다

하얀 고드름을 따는 날
입에라도 넣고서 빨기라도 하면
정다웠던 초가지붕도
뛰어놀던 커다란 앞마당도
아이들 입속으로 쏙 입력된다

2부
치유의 숲

새벽이 펜 보석

새벽에 피어나는 이슬로
마른 나의 마음을 적셔봅니다
눈물이 다 말라버린 가슴을
새벽이슬로 적셔봅니다

새벽이슬과 나의 눈물로
찬란한 아침을 만들어 봅니다
마음에 아린 아픔이 다 보일 수 있도록
영롱한 이슬방울 속에서 피어나는
아침햇살을 맞이합니다

온 들녘에 새벽이 오고
핏빛 여명이 오고 있으니
나의 풀잎에도 그렁그렁 열렸습니다
청롱한 방울은 그대가 갖고 싶은
어느 보석보다도 아름답습니다

기다림

당신이 있으라 하신 곳에
나무처럼 깊은 뿌리를 내리고
변함없이 당신을 기다려서
나의 나이테엔
여러 개의 둥근 줄이 생긴 지
오래입니다

당신이 있으라 하신 곳에
새들이 날아오도록 손을 벌려 가지도 만들고
풀벌레 노랫소리 들리도록 그늘도 만들고
새벽이슬만 모아 옹달샘 만들어 놓고
당신이 있으시라 하신 곳에
나무처럼 당신을 기다린 지
오래입니다

이제 나의 가슴에
남아 있는 이 부끄러움 다 씻고
당신이 있으라 하신 곳에
나무처럼 온전히 뿌리를 내리고
껍질도 나무처럼 딱딱해지는 생각으로
당신을 기다린 지
오래입니다

순결한 꽃잎 하나

꽃잎 하나에
구름을 가져다가 넣어두었다
혹시라도 그대가 보면
부끄러움 구름 속에 감추고 싶어
꽃잎 하나에 구름을 가져다가
내 모습 넣어두었다

꽃잎 하나에
아침 햇살을 곱게 접어 넣어두었다
가슴이 다 보이는 아침에만 보일 수 있는
순결한 가슴을 찌르는 햇살 그대가 볼세라
꽃잎에 내 마음
곱게 접어 넣어두었다

꽃잎 하나가
내 마음에 눈물이 된다
바람에 떨어지는 마음
다 잡을 수 없어
꽃잎 하나가 다 눈물이 된다

꽃잎 하나에
마음 곱게 접어 넣어두었다
바람이라도 불어오면
꽃잎처럼 날아가고 싶어서
나의 마음 넣어두었다

당신의 정원

당신의 정원에
붉은 장미 넝쿨로
가시 끝이라도 담을 넘어서
화려하게 붉은 잎으로 필 수 있다면
당신이 보시고
정말로 아름답다고
말씀을 해주십시오

당신의 정원에
하얀 장미 넝쿨로
가시 끝이라도 아리게
하얀빛으로 꽃잎을 열 수 있다면
당신의 정원에서 아름다운 꽃으로
기억되고 싶습니다
당신이 보시고
정말로 순결하다고
말씀을 해주십시오

당신 닮은 순결한 색으로
하늘색을 가슴에 꽃샘으로 채우고
당신이 불러만 주신다면
담을 넘어가더라도
마음이 타는 붉은 꽃도 피우고
하얀 눈송이 나리는 꿈꾸는
하얀 꽃을 피워서
당신께 아름답다는
말씀을 듣고 싶습니다

동백꽃

동백꽃은 짠바람에
꽃을 피우고 지우고 하지만
봄은 소리 없이
빨리 가버린다는 것을 알고 있다

여름이 오기 전
자신의 옷을 다 벗어버리고
새로운 옷으로 갈아입어야 한다는 것을
동백꽃은 몇 번이나 그곳에서
피고 지고 나서야 알게 됩니다

그토록 소중한 꽃잎을
바닷바람에 하얀 소금처럼 절이고
여름 비바람에 자신의 꿈이
산등성이를 온통 파란 잎새들로 덮고 나서야
늘 새로움으로 꽃을 피울 내년의 봄은
여름부터 가지고 있어야 한다는 것을
이제야 알게 됩니다

그렇게 꽃을 피우려면 꽃망울을
일년내내 간직해야 하는 마음도 알게 되고
새로운 잎으로 햇살을 가득 받아
붉은 꿈을 꾸어야
꽃을 피울 수 있다는 것을
그제야 알게 됩니다

꽃잎 편지

마음이 그리운 날은 꽃잎처럼 번지는
붉은 입술 같은 편지봉투에
분홍빛으로 쓰여진 글들을 모으면
붉은빛으로 물든 마음으로
그대에게 편지를 씁니다

하늘색이라도 가슴에 들어오면
하얀 구름으로 뭉게뭉게 문질러서
아직도 어려서 가슴속에 들어있는
미움을 다 닦아내고
하얀색으로 잘 닦여진 마음으로
그대에게 편지를 씁니다

나는 당신 때문에 꽃잎을 닮은
분홍색 가슴은 더 붉어지고
마음이 짙게 물들어 버려서
얼굴이 부끄러운 날
그대에게 편지를 씁니다

별들의 교향곡

별이 쏟아지는 밤이면
할머니가 만드신 싸리나무 소쿠리에
우리들은 뒷마당에 멍석을 깔고 누워서
별을 하나 가득 주워 담느라
별처럼 눈을 반짝이고 있었습니다

그처럼 우리같이 앞산 언덕에 누워서
잠을 청하던 나이테가 우리보다 몇 배나 굵은
앞산 소나무들도 커다란 키 때문에
가지를 내리지 못해 잠들지 못하고
우리처럼 언덕에 허리를 기대고 누워서
쏟아지는 별들을 주어
솔가지마다 걸어놓고 있었지요

달빛이 앞산 가슴을 다 비치는데도
하나도 부끄러움도 없이 별을 주워 담느라
뛰어다니는 소나무들의 쿵쿵거림에
얇은 이불을 덮은 산은
잠을 이루지 못하고 있었지요

외로운 달

빛이 밝아서 잠이 안 오는 날
마당에 있는 들마루에 앉아서
눈물 가득, 시름 가득 넘쳐서
금방이라도 떨어질 것만 같은 얼굴이
두둥실 찾아오기라도 하면은
눈물 어린 얼굴을 닦아주리라

시름이 가득 차 있는 얼굴로
혼자서 강을 비추고
산을 비추면서 잠들지 못하고
덩그러니 혼자 우는 얼굴을
어머니의 따듯한 손수건으로
닦아주리라

혼자만 외로이 언제나 밝게
하늘 높이 떠 있어야 하는 그를 볼 때
오늘같이 마음이 울렁거릴 때
어머니의 포근한 손수건으로
그의 목이 따듯하게 감아주리라

사랑의 호숫가

사랑이 흐르고 있는 곳마다
아무렇게나 넘쳐서 흐르지 않고
잘 모여서 절제되어 흘러갈 수 있도록
둑을 막아 깊은 호수를 만들었습니다

호숫가에 커다란 숲을 세우고
사철 푸르도록 나무를 심어서
누구든 사랑이 필요한 이들은
찾아와 쉬도록 대문이 없습니다

그래서 누구든 그곳에 오면
사랑이 넘치는 호숫가에서
힘들고 지친 얼굴 씻을 수 있고
숨을 쉴 수 있도록 준비 하였습니다

별의 가슴에

별의 가슴속으로 들어간 날은
별들이 우리 집 마당에 찾아와서
추울세라 창호지 문 사이로
살며시 들어와 비출 때입니다

별의 가슴속으로 들어간 날은
별들이 하얗고 순결한 꼬리를 모아서
우리 집 창호지 문 사이로 살며시 들어와
방안에 들어와 살며시
옷걸이에 걸려있을 때입니다

별의 가슴이 추운 날은
벽에 걸린 아버지 주머니에도 들어가고
내가 벗어놓은 교복 윗주머니에도 들어가
온 방에 별이 하얗게 걸려있습니다

영혼의 종소리

맑은 영혼을 울리는 종소리는
하얀 이슬로 만든 새벽이었다는 것은
알게 된 것은
나의 영혼에 종소리가 울린 다음에
알게 되었다

종처럼 가슴속에서 끊임없는 울림이
울린 다음에야
나의 영혼을 울리는 종소리가
맑고 아름답다는 것을 깨닫게 되었다

그처럼 나의 영혼을 울리는 종소리는
먼 옛날 나의 잃어버린 추억 속에서
첫사랑으로 다가와 손을 내밀고 수줍어하는
아름다운 모습 때문이다는 것을 알게 되었다

그처럼 영혼을 울리는 종소리는
나의 가슴을 다 다시 채우고도
다시 또 울리기 위해 영혼의 샘터를
채우고 있다는 것을 알게 되었다

치유의 숲

숲 같은 마음이 되면
산속 깊은 골짜기로 걸어 들어가
새들도 날아오고 바람도 날아와
가지에 앉아 노래 부르는 그곳에
숲처럼 서 있습니다

나무처럼 생각하면서
나무처럼 뿌리를 내리고
그늘을 만들 수 있으면
녹음이 짙어지고 가슴은 짙어져
산 닮은 생각만 하고 있습니다

숲 같은 마음으로 풀섶도 만들고
새들이 앉을 수 있는 작은 가지도 만들고
풀벌레들이 노래할 수 있도록
숲 같은 생각으로 깨어있습니다

아침이슬만을 골라서 구슬처럼
동그랗게 굴릴 수 있는 풀잎들이
가느다랗게 깨어있고
안개가 두 손을 모은 곳에서는
이제야 아침 잠에서 깨어난 산이
이슬비 옷을 벗고
깊은 생각에 잠겨있는 곳에
나는 숲처럼 그렇게 있습니다

가슴에서 피어나는 꽃

봄 같은 그리움은
이제 갓 피어난 꽃봉오리 속
그 속엔 귀에 익은 바람과
가슴이 환하도록 다 보이는
순결이 들어있는 것을 알게 된 것은
나의 가슴에 꽃봉오리가
하나둘 생겨나고서부터다

나의 가슴에 피어난 그리움은
그리 오랜 세월이 지나지 않아
꽃으로 피우려고 하는 성급함에
가슴에 고인 향기라는 것을 안 것도
내 가슴에 피어나고서부터다

나는 어느새 꽃이 되려는 생각을
가슴에 채우고 있었고
나비가 날아오는 것을 보려는 양
아직 아침햇살이 열리지도 않았는데
하나둘 꽃잎을 열어보고 있었다

오월의 여왕 장미

비가 오는 날이라도
붉은색으로 꽃을 피우고
빗방울이 굵어지더라도
붉은 고개 하늘을 향해
들어보고 싶다

비가 오는 날이라도
가슴속 들어있는 눈물로
가슴을 다 씻고
붉은 생각 다 씻을 수 있게
하늘을 향해 고개를
들어보고 싶다

비가 오는 날이라도
붉게 타는 가슴으로 다 물들어버린
꽃 이야기가 바람 소리로 찾아오는
너울거리는 나비들 날개에
계절의 여왕은 하늘을 향해
꽃잎을 날리고 싶다

달이 별빛을 가지러 오는 날

별빛이 그리도 밝아
창문을 열고 뜰 앞에 서면
언제든 내일 학교에 가져갈 별을
가슴 환하게 담을 수 있었다

별빛이 그리도 밝아
마음을 열고 뜰 앞에 서면
나의 가슴속으로 다가오는 별들의
하얀 고동소리 들을 수 있었다

별빛이 그리도 밝은 날
내 마음은 온통 환하게
별이 숨 쉬는 소리로
가득 차 있었다

별빛이 그리도 환한 날
개울건너 산이 잠들지 못해
시냇물에 다리를 담그고 앉아
그림자처럼 생각에 잠긴
모습도 바라볼 수가 있었다

달이 징검다리 건너오면
고소하고 달콤한 생각으로
별빛을 가슴속에 담아가려고
꿈꾸듯 개울 건너서 오는 모습을
한눈에 볼 수가 있었다

나의 마음속에는

나의 마음속에는
눈물을 한 아름 담고 있어서
언제든 당신을 생각하면
당신의 마음이 아리도록 눈물을
다 흘릴 수 있다고 나는 생각을 했습니다

언제든 당신 앞에서
한 줄기의 눈물을
흘리기만 한다면
당신은 그 아린 마음 때문에
나의 손을 다시 붙들어 주리라고
생각을 하면서 말입니다

그래서 나는
당신이 보이지 않는 날
나의 마음속에 남아있는
눈물을 헤아려 보았습니다

언제든
당신이 내 앞에 오시는 날
나는 한 방울의 남은 눈물마저
당신 앞에서 흘리려고 말입니다
그러나 나는 나의 마음속에서
한 방울의 눈물도 찾아볼 수가
없습니다
어느새 나의 마음에는
기다림이 나의 눈물을
다 닦아버리고 없기 때문입니다

난, 별 중에 별

무지개가 뜨는 날
세상에서 가장 아름다운 빛이
무지개빛이라 생각을 했다

새하얗게 순결한 가슴속에
별 하나의 색을 가지고 있지 않은 나는
무지개의 빛이 가슴에 비칠 때마다
내 가슴이 다 들어나 보이는 것 같아
부끄러움을 감출 수가 없었다

별이 뜨던 날
나는 세상에서 가장 아름다운
무지개 일곱 개의 빛보다도
내 마음이 순결하고 아름다울 수 있다는 것을
바보처럼 알게 된 것은
무지개가 사라진 어두운 밤하늘에
별 중에 별이란 것을
알게 된 후 부터다

그대 생각

당신을 생각하면
아름다운 달빛에 별을 꿰매어
별들의 생각을 이어주는
당신을 생각하면 나는 순결하고
아름다워질 수 있습니다

당신의 가슴에 영원히 살아있는
초가지붕 위에 동전처럼 걸린 달이
당신 가슴에 눈물을 흘리며
수줍어 숨은 칼날 같은 초생달에
살이 베이는 마음도
당신을 생각하면 나는 순결하고
아름다워질 수 있습니다

오늘 같으면 눈에 보이지 않는
물안개라도 다 걷어내고서
당신이 잃어버리지 않은 그곳으로
갈 수 있을 것 같기 때문입니다

찬란한 사랑

당신의 빛은 내 가슴속에 있습니다
별이 없는 밤
당신이 달처럼 산을 돌아오실 때
나는 언제든 당신 곁에서
별처럼 당신 발을 비치고 있습니다

당신의 빛은 내 가슴속에 있습니다
숲도 길도 어두운 밤이라도
나는 당신이 오솔길에서
돌아서 다시 오실까 봐
별처럼 당신 얼굴을 비치고 있습니다

당신이 혹시라도 길을 잃으실까봐
내 무릎은 넘어져 풀에 베이고
내 어깨는 나무에 걸려 휘적거려도
당신의 별처럼 가슴을 비추고 있습니다
그 길을 돌아오실 수 있으시도록

꿈길

당신을 만나는 날은
언제나 꿈길 입니다
꽃이 피어있는 길도
바람과 손잡고 가는 길도
언제나 꿈길 입니다

아름다운 동산에서
물이 흐르는 시냇가에서
새소리라도 들리면
숲속에서 당신을 만날 수 있는
꿈길을 갑니다

당신과 만나는 꿈길에서는
무지개가 은실과 금실을 뿌리어
다리를 만들어 놓았습니다

당신의 아름다운 만남을
오늘은 꿈속에서라도
축복을 해줄 듯이 말입니다
그래서 오늘은 당신을 만나려
나는 꿈길을 갑니다

신세계

별들의 옷감을 몰래 가져와
달님이 짜놓은 실로
바느질을 한 다음
당신이 바람에 날아갈 수 있는
날개를 만듭니다

당신이 원하는 어느 곳이든
어디든 가실 수 있도록
나는 별들의 꼬리를 잘라서
연처럼 꼬리를 달고
바람 조각으로 부채를 만들어
훨훨 날아갈 수 있도록
날개를 만듭니다

아 사랑하는 당신이여
당신이 가시고자 하는 그곳은
이곳처럼 가슴 졸이고 애태우며
기다리는 그리움은 없습니까?

당신이 가시고자 하는 그곳은
사랑만이 가득 차있는 곳입니까?
그래서 당신은 별처럼 옷을 입고
하늘 높이 바람의 날개를 달고
그곳으로 가고 싶어 하십니까

간직한 약속

가슴에 간직한 말을 다하지 못하였습니다
당신에게 가슴에 감춰진 말을 다하지 못하였습니다

당신이 있으시라 한 그곳에서
나는 한 번도 떠나본 적이 없습니다
당신에게서 내 마음이 있으시라 한 곳에서

당신이 있으시라 한 그곳에서
나는 한 번도 눈물을 보인 적이 없습니다
비록 뒤돌아서서 얼굴이 붉어지고
가슴속엔 한 아름 슬픔이 고여 오더라도
당신이 있으시라 한 그곳에서
나는 한 번도 눈물을 보인 적이 없습니다

가슴에 간직한 말들을 생각해 본적이 없습니다
그곳에서 오직 당신의 생각으로 가득 차 있어서
내 마음은 당신에게 할 말을 잊은 지 오래입니다

그대 기다린 날들

긴 겨울의 아픔 속에서도
그대를 기다린 날들은 너무나 길었습니다

봄날 그대의 나비 마음은
아지랑이처럼 잡을 수도 없고
만질 수도 없어서
그대를 기다린 날들은 너무나 길었습니다

가을 소리가 나기 전
옷을 갈아입은 단풍잎처럼
높은 산 넘어 그대 있는 곳으로
가려고 하는 날들이 너무 길었습니다

어느새 내 마음은 다 물들어 버리고
그대 있는 그곳으로 가기 전
설레는 마음이 너무나 길었습니다
그대를 기다린 날들이 너무나 길었습니다

가을 햇살에 온몸이 다 데이는 데도
그대가 있는 산위로 걸어갈 수 없는
내 안타까움은 산 마음만큼이나
너무나 길고 길었습니다

달빛이 없는 날은

달빛이 없는 날은 섭섭해 우옵니다
당신이 오시는 산등성이를
혼자 서러워 바라볼 수가 없어서
어두워진 마음 때문에
달빛이 없는 날은
한없이 섭섭해 우옵니다

달빛이 없는 날은 섭섭해 우옵니다
가슴에 간직한 그 한 마디
말조차도 할 수 없는
마음속에 어두움 때문에
달빛이 없는 날은
그냥 견딜 수 없어서
한없이 섭섭해 우옵니다

달빛이 없는 날은 섭섭해 우옵니다
하얗게 밝아오는 새벽 하늘 같은
밝음을 다시는 볼 수 없을 것 같아
달빛이 없는 날은
그냥 한없이 섭섭해 우옵니다

달빛이 없는 날은 섭섭해 우옵니다
마음이 어두워 오고
간직한 한 마디 말도 다 희미해져
기다림이 작아지는 슬픔 때문에
달빛이 없는 날은 섭섭해 우옵니다

당신이 바라보시면

당신 바라보시면 눈물 보일까봐
언제든 나는 뒤돌아서서
먼 곳을 바라보고 있습니다

달처럼 산등성이 넘어 오시던 날
숲처럼 숨을 죽인 채 나무 되어
당신에게 눈물 보일까봐
나는 먼 곳을 바라만 보고 있습니다

나무가 된 날들의 생각은
당신 달빛에라도
바스락 거리는 소리가 날까봐
나는 숨소리도 낼 수가 없습니다
다만 뒤돌아서서
눈물을 흘리고 있을 뿐입니다

당신이 바라보시면
되돌아서서 눈물을 흘리고 있습니다
한마디 말도 못하는
바보 같은 마음 때문에
나는 뒤돌아서서 바보처럼
눈물만 흘리고 있었습니다

임 생각

달빛이 비치는 곳에서
숲처럼 소리를 듣고 있습니다
나뭇잎들이 옷 갈아입느라
바스락거리는 소리
바람이 나뭇잎들을 밟느라
서걱거리며 뛰어가는 소리
달빛이 비치는 그곳에서
숲처럼 소리를 듣고 있습니다

달빛이 비치는 곳에서는
생각이 숲처럼 밝아집니다
임을 기다리느라
가슴이 설레는 마음을 가지고 있는
나의 마음속에는
숲처럼 차오르는 달빛 생각이
마음을 더욱 밝게 해주고 있습니다

달빛이 비치는 곳마다
숲처럼 잠이 들 수 없습니다
온몸이 다 보이는 부끄러움과
임이 불러주시는 소리가
금방이라도 들려올 것만 같아
방망이로 두드리는 가슴에는
달빛을 가슴에 담아야하기 때문입니다

사모하는 마음

가슴에 간직한 말을
아직도 다 하지 못 하였습니다
당신을 보면 하리라 했던 말들이
가슴속에 아직도 남아있는데도
나의 작은 마음 때문에
가슴에 간직한 말을
아직도 하지 못하였습니다

가슴에 간직한 말을
아직도 다 할 수 없습니다
혹시라도 당신이 뒤돌아서서 가실까봐
아직도 가슴에 있는 말들을
아직도 할 수 없습니다

가슴에 간직한 말을 할 수 없습니다
나에게 남아있는 한 방울의 눈물이라도
다 쏟아져 버릴까봐
나는 당신에게 사랑한다는 말을
아직도 할 수 없습니다

오늘 나는 가슴에 있는 말들을
나비처럼 접어서
다시 나의 마음에 간직 하겠습니다
당신이 내 마음을 들여다보시는 날
날개 달아 날리려고 말입니다

변하지 않는 사랑

당신은 내 기억 속에서
언제나 아름다움처럼 변하지 않는
그리움으로 남아있습니다

당신과 함께 보았던
수많은 날들의 달빛 때문에
가슴 아파했던 날들이
가슴속에는 변하지 않는 그리움으로
가슴에 늘 살아있습니다

당신은 내 기억 속에서 순결함으로
변하지 않는 고귀함으로 살아있습니다
가슴에 있는 눈물 한 방울마저
다 흘러내리게 하는
그 긴 밤을 혼자서 지새운
달의 가슴 아픈 이야기 때문에
변하지 않는 그리움으로 기억 속에서
언제나 아름답게 살아있습니다

당신은 나의 달빛입니다
당신은 나의 별빛입니다
언제쯤 나를 바라보실런지요

3부
어머니의 눈물

어머니의 눈물

당신은 언제나 눈물 보이실까 봐
언제나 뒤돌아서서 있었지요
형이 시골 초등학교에서 당당히
읍내 중학교에 장학생으로 합격해서
읍내서 사 온 교복 아랫도리를 접어서
실로 꿰매시던 날
당신은 돌아서서 눈물 흘리고 있으셨지요

초등학교 시절 차전놀이에서
청군 대표로 장군처럼 호령할 때도
당신은 눈물을 흘리시더니
의젓한 중학생이 되어 당신 곁을 떠나
십오 리가 넘는 읍내로 공부하러 가는 형을
당신은 끝내 못 미더운 듯
형이 가져갈 옷가지를 챙기시면서
끝내는 뒤돌아서서 눈물을 훔치셨지요

어린 시절 산모퉁이 돌아서
처음으로 아버지에게 시집을 오셔서
몰래 우시던 울음처럼 말입니다
가슴속에 있는 많은 말들을
당신은 언제나 뒤돌아서서
울음으로 삼키고 있으셨지요

읍내 장날

읍내 장이라도 되어서
어머니가 장에 가시게 되면
보자기에 이것저것 올망졸망 싸시고
머리에 이고서 혼자서
읍내 장에 걸어서 가셨다

어머니는 읍내에 갈 때마다
형이 자취를 하고 있는 친척 집에 들리셨는데
형이 그토록 좋아하는
묵은 고추장과 된장을 조그만 항아리에
넣어서 가지고 가셨다

어머니의 정성만큼이나
뒤뜰 장광에서 익은 묵은 고추장 된장은
형은 친척 집 식구들이 거들떠보지 않는데도
싹싹거리며 맛있게 비벼 먹었다

읍내 장에 가시는 어머니는
늘 가실 때마다 갯벌 밭에서
파란 고추를 따 보따리에 넣고서
머리에 이시고 가셔서
고향의 흙냄새가 배어있는
고추를 찍어 먹도록
형에게 사랑을 쏟으시곤 하셨다

형의 유학

형이 읍내 친척 집에서 하숙을 하기로 한 날
어머니는 형의 등에 형이 지고 갈 쌀을
멜빵을 해서 짊어지도록 하셨다
아직 개학이 안 된 날이어서
겨울이라 추울까 봐
아버지 군용잠바도 보따리에 챙겨서
형과 함께 산 중턱에 걸린
오솔길 돌고 돌아 읍내로 가셨다

쌀을 지고 가는 형은
힘들어서 여러 번 쉬면서 갔고
어머니는 형이 지고 가는
옷이랑 몇 권의 책을 꺼내 머리에 이고
가파른 싸리재 골짜기를 넘어가느라
이마에 땀을 흘리셨지만
중학생이 된 의젓한 형을 보시며
가는 동안 웃음을 웃으신다

형이 하숙하기로 한 날
아버지는 나에게도 공부를 열심히 해서
형처럼 읍내로 유학을 가라고
몇 번이나 당부를 하셨다

어머니의 가르침

어머니는 일하는 아름다움을
언제나 우리에게 알려주시려고
앞마당에 상추를 심고
고추를 심고 쑥갓도 심어서
물 주고 김을 매고 거름을 준 곳에는
호박과 아주까리를 심으시고
고랑에 물이 잘 빠지도록 언제나
흙을 돋아 주어서
예쁜 싹이 새로 올라올 때마다
일하는 것의 아름다움을
형제에게 보여주셨다

조그만 앞마당 한쪽은 어머니의 세계였고
어머니가 경영하는 공장이었다
그곳에 가을 소리 나는 옥수수도 심고
손님 오기를 기뻐하는 봉숭아와 채송화
그리고 맨드라미도 심어서
앞마당에 갈 때마다 햇빛의 고마움을 배우게 하고
가랑비의 촉촉거림도 알게 해주시고
청개구리와 나비들의 모습에서
살아있는 아름다움의 지혜를
늘 우리에게 일깨워 주시곤 하셨다

어머니의 보석 단추

초등학교에 입학하기 전
어머니 옷 저고리에 단정하게 달린
브롯찌를 보면서
햇살이 비칠 때마다 반짝이는 아름다움 때문에
나는 그것을 가지고 싶었다

어머니는 외할머니 집에 가실 때
친척 집에 가실 때는
언제나 나를 데리고 가셨는데
어머니는 늘 손에는 양산을 들고
옷 저고리에는 보석처럼 빛나는
브롯찌가 단정하게 매달려 있었다

어느 날 나는 어머니의 서랍에서
브롯찌를 몰래 가져와
그 안에 박혀있는 빛나는 알들을
돌로 두드려 빼내고 살짝
그 브롯찌를 어머니의 서랍에 넣어 두었다

나는 그날 이후로 어머니가
서랍을 열 때마다 얼굴이 붉어지고
가슴이 콩닥거렸지만 나무라지 않으셨고
그 이후로 어머니 옷 저고리에서
그처럼 빛나던 보석,
그 브롯찌를 볼 수 없었다

어머니가 만들어준 손수건

어머니가 아버지가 입지 않으시는
남방을 잘라 만들어준 손수건은
학교에서 뜀박질하거나
항복 받기 놀이를 한 후에도
나는 당당하게 꺼내서
손도 닦고 얼굴을 닦았다

어머니는 손수건 네 귀퉁이를
실로 잘 꿰매어 실밥이 터지지 않도록
만들어주셨는데
학교에서 봄 소풍이라도 가는 날은
소풍 가방에서 꺼낸 과자를
손수건에 나누어 들고 가면서
먹고 갈 수 있어서 좋았다

비록 꾸겨지고 때가 묻어서
약간 시꺼멓지만
그래도 손수건이 있어서 좋았고
잔디밭에서 둥글게 모여 앉아
수건돌리기를 할 때

사회 보는 형들이 손수건 있는 사람
하고 부를 때 당당하게
손을 들을 수 있어서 좋았다

나는 여자아이들 앞에서도
어머니가 만들어준 손수건 때문에
늘 자랑스러웠다

마음이 그리우면 하얀 우옵니다

마음이 그리우면
마냥 섭섭해 하얀 우옵니다
마음속에 흐르는 눈물을 참을 수 없어서
마음이 그리우면
마냥 섭섭해 하얀 우옵니다

마음이 그리우면
마냥 섭섭해 하얀 우옵니다
가슴속에 접어둔
서러움의 깊이를 알 수가 없어
마음이 그리우면 참을 수 없어서
눈물이 다 마르도록
마냥 섭섭해 하얀 우옵니다

마음이 그리운 날은
달빛에 서러움을 묻어 둘 수 없고
별빛에 마음을 이야기할 수가 없어서
마음이 산 같은 그리움으로
마냥 섭섭해 하얀 우옵니다

바다는 어머니 치맛자락

다시 찾아간 바다는
어머니의 치맛자락처럼
바람이 불 때마다 흔들거리는
마음을 가지고 있었다

저고리 옷매무새
파도처럼 출렁거렸고
저고리 고름도 남색으로 푸르게
햇빛으로 반짝이고 있었다

그랬다 바다는 분명 어머니처럼
그렇게 넓고 깊은 가슴을 가지고
작은 파도의 눈물 소리도
물새가 뒤돌아서서 부르는 소리도

푸른 하늘이라도 내려오면
생각에 잠기고 싶어 하는 마음도
바다는 어머니처럼 깊고 넓게
가슴을 보여주었다

세월을 다스리는 법

어린 시절 어머니는
세월을 다스리는 지혜를 주셨는데
누나는 언제나 어머니 옆에서
그렇게 세월을 다리는 법을
가을이면 언제나 다시 배우곤 했다

어머니는 겨울이 오기 전
온 이불의 겉 홑청을 다 뜯어서
물이 졸졸 흐르는 앞 냇가에서 깨끗이 빨아
빨래줄에 널어서 마르면
곱게 풀을 먹여서 다듬이질을
가슴이 울리도록 두드리신 다음
네모나게 잘 접어서
마루 한쪽에서 동생을 업고서
달이 산마루에서 숨바꼭질할 때까지
그렇게 밟고 있으셨다

가을 둥근 해가 서산에 넘어가고
호야 불이라도 밝게 밝힌 다음
어머니는 정갈하게
할아버지 이불도 아버지 이불도
우리 이불도 방문을 열어놓고
네 귀퉁이 가지런히 잡은 다음
세월을 이은 이불을
가을이면 누나가 지켜보는 가운데
다시 꿰매곤 하셨다

바다에 내려온 산

바다에 내려온 산들도
생각에 잠겨있을 때는
언제나 바다를 둥둥 떠다니며
뱃고동 소리를 내고 싶어 한다는 것을
나는 수평선에 가슴을 기대고서야
그제야 알게 되었다

바다를 바라보면서
푸른 하늘을 생각한다는 것은
그처럼 쉬운 것이라는 것을
바다의 한가운데 들어와 있는
하늘의 푸름을 볼 수 있게 되어서야
바다는 어머니라는 것을 알게 되었다

바다처럼 생각을 하면
그토록 쉬운 것이라는 것을
어렵게 가슴에 산처럼 다리를 내리고
바다에 잠기게 되어서야
나는 비로소 알게 되었다

옹애

여름이 오고 옹애가 익으면
어머니는 옹에를 사주시려
과수원으로 가셨다

어린 시절 옹애를 특별히 좋아했는데
옹애는 입어 넣고 우물거리며
씨를 혀로 발라 신맛이 남아 있는 씨를
뱉으며 먹는 기분은
참으로 표현하기 어렵다

마치 여름을 나의 입속에 가득 넣어서
여름이 오싹이며 푸하고 뱉는 거여서
옹애는 내 입에 들어가기 전
볼이 빨개지며 신맛을 내려 하고 있어서
입안에 침이 고이는데도
자꾸만 입 안에 넣고 있었다

*옹애 : 자두에 경산도 방언

석상산 외할아버지

하나밖에 없는 외삼촌이 군대 가기 전
자전거 사고로 죽어서
외할아버지는 적상산에서
산처럼 눈물을 감추시고
혼자서 살고 있으셨다

적상산 자락 끝에
저녁연기를 모락모락 피울 수 있는
오두막집에는 산골짜기에 흘러내리는
물소리가 바위를 깎아내리듯
세월의 깊이를 내는 소리는
슬픔을 잊고 사는
외할아버지의 슬픈 가슴을
그렇게라도 씻고 있었는지도 모른다

어머니 심부름으로
외할아버지가 좋아하시는
용포리 어죽을 냄비에 넣고
완행버스를 타고 가면은
외할아버지는 외삼촌을 생각하시면서
어깨를 포개고 있는 산을
바라보시면서 뒤돌아서서
어깨를 들먹이셨다

아직도 철부지인 나는
그런 외할아버지에게 어리광만 부리고
외할아버지가 모아놓으신
밤과 호두만 퇴퇴 거리며 까먹느라
옆에서 흐르는 물소리조차도
듣지 못하고 있었다

아흔아홉 살 되도록

적상산 자락에서 외할아버지는
오두막집을 지으시고 누님과 함께
살고 있으셨는데
외할아버지는 1세기를 살아오신
할머니를 부르실 때
언제나 누, 라고 부르셨다

그래도 아흔아홉 살 드신 할머니는
아흔여덟 살 때까지 나를 한눈에 알아보시고
언제든 기억력도 좋으셔서
옛 이름 "세종아" 하고 부르시면서
이제 더 흘러내릴 눈물조차
말라버린 시꺼먼 얼굴을
손으로 훔치고 있으셨다

고 일 학년 때 일찍이 아버지를 여읜
나의 모습이 외할아버지 눈에는
자신이 오래 살아오신 것에 대한
미안함과 섭섭함이 있으셨던지
내가 가는 찾아가는 날은
흐르지도 않은 눈물 닦느라
소매를 연신 훔치곤 하셨다

그러시면서 나에게 이렇게
말씀하시곤 하셨다
"왜 나는 이렇게 오래 살아서
왜 이렇게 나는 오래 살아서"
다음 말을 잇지 못하셨다

할아버지의 고독

적상산 자락에서
아흔 살이 훨씬 넘은
누님과 사시는 외할아버지는
외할아버지 누님이
아흔아홉 살이 되던 해에

겨울이 또 지나고 봄이 돌아오면
가을에 심어놓은 마늘 위에 덮어 놓은
볏단을 태우려 가셨다

그러나 외할아버지는
뒤로 불어온 바람을 피하지 못하시고
발목 부분을 데어서
봄이 다 가도록 고생하셨다

언젠가 내가 갔을 때
외할아버지는 이렇게 말씀하셨다
"나보다 나이가 많은 누님이 먼저 돌아가셔야
내가 눈을 편히 감을 수 있을텐데"라고
말씀하실 때 나는 적상산 중턱에 걸려있는
할 일을 다한 구름처럼
할머니의 얼굴을 다시 보았다

누구든 저렇게 다 구름처럼
기운을 소진하고 힘이 약해지면
참아도 참아도 눈물이 나는 거라고

외할아버지네 염소들

외할아버지가 기르는 흑염소들은
외할아버지가 산자락을 지나
등선을 힘겹게 오르면
저희들이 먼저 앞장서서 오른 후
매앰 거리며 바라본다

외할아버지는 아침이면 산을
소풍 가는 기분으로 가셨고
적상산 닮은 작고 야무진 염소들은
저녁때는 해가 산에 걸리면
노을이 아름다운 것을 알고

산 위에서 외할아버지를 부르며
산등성이를 내려오고 있는
자식 같은 염소들을 데리려
두 길로 갈라지는
산길 중간까지 가셨다

염소들은 집에 돌아오면 매엠 거리며
하루에 있었던 이야기를 들려주었고
외할아버지는 머리를 쓰다듬으며
아이들 이야기를 다 들어주셨다

강산자락 할아버지

강산자락에 손녀딸과 함께 살고 있는 그는
강에서 물고기를 잡아 생계를 꾸리지만
나를 보시면 아버지 눈을 닮았구나 하시며
새까만 주머니에서 꼬깃거리는 지폐를
늘 꺼내 주시곤 하셨다

손녀딸은 수줍고 말이 없다
날 때부터 말을 못하는 것을
알게 된 것은 얼마 되지 않아서다

서울에 사는 아들이 손녀가
아주 어릴 적에 데리고 와서
"아버지 좀 맡아주시면 형편이 풀린다음에
데리고 가겠습니다." 라고 해놓고서는
그 뒤로 소식이 없었다

손녀는 늘 혼자서 야인처럼 쏘다니고
거침없이 바람처럼 쏘다니고
얼굴은 들국화처럼 그을리고
머리도 풀처럼 흔들거리며
바람과 구름과 안개와 고운 이슬이
모두 친구였다

아침햇살 거둬 올리는 할아버지

여름 저녁 어스름 강가에 가면
그물로 고기를 잡는 할아버지의 모습은
석양에 붉은 햇살 무늬로 인하여
한 폭의 수채화였다

할아버지는 언제나
해 질 무렵에 그물을 놓고
새벽이 되면 그물을 건져 올리셨다
할아버지는 할머니와 두 분이
산모퉁이 외딴집에서 사셨다

저녁때 할아버지가
그물을 내려놓고 가면은
어린 우리는 양철배를 대나무 삿대로
타고 다니는 모습이 너무나 좋아 보여서
오후에는 할아버지 몰래
양철배 타고 강가를 다니곤 했다

우리는 양철배를 타고
강가를 돌아다니게 되어서야
할아버지는 언제나
저녁에 고기를 잡는 것이 아니라
아침 햇살을 물결에 붉게 물들여서
거둬 올리고 있다는 것을
알게 되었고
할아버지는 신선이시라고 생각했다

할머니의 수제비

빗소리를 들으면 떠오르는 고향의 모습은
아직도 부엌 안에서 허리를 굽히시고
끓는 물에 반죽한 밀가루를 손으로
뚝뚝 잘라서 넣은 할머니의 구수하고
감칠맛 나는 수제비국 냄새가
금방이라도 코에 들어올 듯 합니다

빗소리를 들으시며
처마 끝에 떨어지는 곳에
양동이와 큰 그릇을 걸어놓고
그 안에 물이 고이면
흰 옷을 가져다 주물거리시며
비눗물을 풀어 옷을 담가놓으시던
할머니의 굽은 허리가 금방이라도
눈앞에 그려질 듯 합니다

비가 오는 고향에는 구수한 수제비
펄펄 끓는 냄새도
빨래가 곱게 잘 빨아진다고 믿으시며
물을 받아 처마 끝에 앉아서
아버지 와이셔츠 주물거리는 할머니 모습이
오늘은 한 순간에 그려질 듯 합니다

할머니의 어죽

할머니가 자랑하시는 민물고기 어죽은
우리들이 냇가에서
활대와 나무 메를 가지고 두드리고
그물 가지고 고기라도 잡는 날은
할머니는 커다란 솥에 물 가득 넣으시고
밭에서 금방 뽑아온 이파리 파란 풋마늘
설렁설렁 썰어 넣으신다

고기는 흰 천 한쪽을 막아 넣은 다음
푹푹 삶으시고 납작한 돌로 으깨어
짠 다음 그 안에 고추장과 쌀을 넣어
어죽을 끓이시는데
할머니 손맛은 그때 알았다
비린내 나지 않도록 묵은 된장 조금 넣고
부추와 생강도 넣고서
재작년에 담근 색깔이 시커먼 고추장으로
간을 맞추신다는 것을

할머니의 어죽은
아름다운 추억을 소환하는
맛있는 추억이다

할머니의 배춧국

할머니의 배춧국이
맛있다는 것을 알게 된 것은
오랜 세월이 지나서야 알게 되었다
백구석 맑은 물에서 맨발로 수초를 더듬어
은모래 위에 금을 그어놓고
도망간 납작조개를 잡아오면
배춧국에 된장을 넣어 끓인
할머니의 솜씨를 오랜 세월이 지나서야
나는 알 수 있게 되었다

고향의 맑은 물소리와
산소리가 담겨있는 배춧국에는
텃밭에서 아무렇게나 자란 배추
겉자락을 훑어 뜯어와
묵은 된장에 건더기로 넣어서 끓인
할머니의 고향의 맛은
정갈함 때문인 것 같다

오랜 세월이 흐른 지금에서야
왜 내가 그리워하고
그 맛을 다시 알고 싶어 하는 것은

이제야 배춧국을 좋아하는
나를 닮은 아들에게도 설명을 해야 할 때가
되어서였는지도 모르겠다

배춧국 속에 들어있는
맑은 물소리가 나는 조개들의 맛을

산판

앞산 허리는 잘리고 없었습니다
그것도 한참 어깨가 시리고
가슴에 찬바람이 펄렁이도록 추운 날에
앞산 허리는 잘려나가고 없었습니다

겨울이 오는 날이면
눈이 산의 눈물처럼 펑펑 오는 날이면
우리는 앞산에 올라 허리에 누워
손을 벌리고 다리를 곧게 세우기만 해도
미끄러지듯 타고 내려갑니다

앞산 산자락 끝까지
단숨에 내려주던 앞산에 허리는
이제는 다 잘려나가고 없었습니다

솜이불 같은 소나무 방석도 다 걷힌 채
하얗게 부서진 어깨와 등을 보이면서
뒤돌아서있는 앞산은
어깨를 들먹이며 울고 있었습니다

아직 봄인데도 온몸에 추위를 타면서
고속도로를 가슴에 내고 있는 앞산은
잘려진 허리 때문에 아픔을 견디지 못해
윙윙거리는 바람소리와 함께
뒤돌아서서 울고 있습니다

용포리 도솔비국

용포리 도솔비는 여울물에 흘러
쌉쌀하고 써서
여름날 더위를 식히지 못해
몸까지 풍덩 담그고 물에 앉아서
이런저런 얘기를 하면서
어머니와 누나는 도솔비를 잡아오셨다

그런 저녁 날은 도솔비를
카다란 그릇에 넣어
샘물을 넣은 다음 이끼를 토하게 하고
아침이면 된장을 풀고 부추를 넣어
용포리 특유의 쓴맛이 깃들은
국을 끓이는 것이다

용포리의 도솔비국은
쌉쌉하고 쓴맛이 있어서
아버지가 논일을 하느라
허리를 굽히시고
고단해 술을 드시고 오신 날은
어머니와 누나는
도솔비를 잡는 핑계로
냇가로 어울러 가시곤 하셨다

아버지와 할아버지의 밥상에는
커다란 양푼에 국이 가득 상에 오르고
우리들은 도솔비를 까먹느라
마루에 걸터앉아 정신이 없었다

보를 만드는 날

온 동네 사람들이 모여서
물을 가두는 보를 만드는 일은
일 년 농사를 짓기 전
동네가 합심하여 일하는
가장 큰 행사인지라

동네 어른들은 보 아래 속해있는
집집에 통보하여
삽과 괭이 삼태기 지게를 가지고
보를 만드는 하천 상류로
다 모이게 되었다

큰 돌들을 지게에 지어
물 가운데로 날라다 떨어트리고
작은 돌들을 큰 돌 밑에 여기저기 고여서
자갈과 모래를 긁어모아서
커다랗게 둔덕이 지도록 만드는 일은
온 동네의 잔칫날이다

어머니들은 닭도 몇 마리 잡고
읍내에서 사 온 돼지고기도 삶고
우리들이 좋아하는 계란도 넉넉히 삶아서
보를 만든 날은 온 동네가 모여서
풍년을 기원하는 덕담을 하면서
한 잔의 막걸리가 갈증을 가시게 하는
온 동네 잔칫날이었다

온 동네 천렵하는 날

오늘은 온 동네가 천렵을 하는 날
한쪽에서 그물을 가지고 물가를 훑어서
피라미와 도솔비를 잡느라 한참이고
다리 밑 솥을 걸어놓은 곳에서
하나 가득 물이 끓어오른 흰 김
용포리 다리 위에서 춤을 춘다

오늘같이 온 동네 사람들 한마음 되어서
천렵이라도 하는 날은
동네에서 제일 많이 나이 드신
할아버지 할머니들 다리 아래 그늘에서
수박도 드시고 원두막에서 갓 따온
오이랑 참외를 드신다
학교 파하고 오는 길
다리 위에서 바라보는 우리들을
웃으시면서 부르신다

오늘같이 온 동네가 천렵하는 날
동네 이장 집에 보관하였던
장구는 두둥두둥
꽹과리 깨갱깨갱
잠자던 강물도 깨우고
노랫소리 들녘 풍년을 채우느라
온 동네 왁자지껄하다

꼬랑지 논

비가 몹시도 오는 여름밤
아버지는 칠흑 같은 어두운 밤인데도
우리 집 꼬랑지 논에
물이 넘쳐 심어놓은 모들이
물 위에라도 뜰까 봐
우리가 잠이 깨지 않도록 조심하시며
삽을 어깨에 메시고 고갯길 돌아
호무리로 가셨다

우리 집 꼬랑지 논은
산비탈 맨 끝에 떨어져 있어서
비가 오는 날이 되면
말랐던 가슴에 흘러내리는
빗물과 흙탕물을 다 가두고 싶어서
언제든 하나 가득 넘치도록
채우고 있었다

그래서 아버지는 산 너머
돌아가실 때마다 우리 집 꼬랑지 논
가슴에 물이 넘쳐서
우리가 심어놓은 모가 둥둥 떠내려갈까 봐
언제든 산모퉁이를 돌면
줄달음치시곤 하셨다

4부
꿈을 먹고 살았던 시절

여름밤의 공포

발바닥이 따갑도록 더운 날
조약돌이 감자처럼 화근거리며
더위를 식히지 못해
저녁이지만 온통 열대야로
여름밤이 혼나던 날

앞 냇가 모래밭에 돗자리를 펴고
여름밤을 식힙니다
오늘 삼촌이 들려주는 공동묘지 귀신이야기에
우리들은 온몸에 소름이 돋습니다

아카시아 꽃잎 후들거리는 소리에
우리들의 귀가 쫑긋 세워지고
물 흐르는 소리에도 무서워
소변이 마려워도 가지 못하고
여름밤을 소름 끼치도록 보내고 있습니다

도깨비불

아카시아 꽃잎 후드득 소리를 내는
강변 둑에서 여름밤을 보내려면
납작한 돌을 탑처럼 쌓아서
우리 키만큼 쌓아올린 곳에서

흐르는 강물을 바라보면
달빛이 출렁이는 소리 들으면
앞산에 솔바람이 내려와
출렁거리는 물결에
몸을 다 씻고 바람처럼 휭하니
저편으로 날아가는 것이
그곳에서는 다 보인다

여름밤에 아카시아 잎이 후들거리는 날은
앞산 공동묘지에 파란 도깨비불들이
떼 지어 날아다니고
무서움에 앞산에서 우는 부엉이 소리에
파란 도깨비불에게 들킬까봐 무섭기만 하다

은모래 금모래

은모래 금모래가
비오는 날이면 뭉치고 모여서
모래 언덕을 만들고
커다란 모래사장을 만들어서
씨름장같이 널따랗게 된 그곳에는

여름 홍수가 썰물같이 지나간 후
초등학교가 끝나는 오후
우리들은 책보를 밤나무가지
키 큰 순서대로 걸어놓고서

가위 바위 보로 편을 짜서
모래사장을 달리기도 하고
비슷한 몸집끼리 묶어 씨름도 한다
강변에는 씨름할 때 묶을 수 있는 풀도 자라고
머리에 쓸 모자를 만들 잎인 큰 나무도 있다

납작한 돌을 주워 딱딱 소리를 내며
서로 응원을 할 때는 신명이 납니다
진편은 이긴 편을 업고서
그토록 길고 긴 용포리 다리 위를
업고 뛰기로 약속합니다

우리들은 씨름에 질세라 무명바지가
실밥이 다 터지도록 전투를 치릅니다

추억의 물레방아

보라색 꽃도 피우고
오동나무가 이파리로 부채를 부치던 때에
오동나무 열매가 떨어지기라도 하면은
그 애와 나는 오동나무 열매를
둘이 사이좋게 반으로 나누워서
가는 싸리나무를 삽짝대문에서 꺾어서
입으로 불면 빙글거리며 돌아가는
팔랑개비를 만들었습니다

팔랑개비를 만드는 날은
우리들은 신이나서 골목길을 달리고
가을비 촉촉이 내리는 날이면
집 뒤 도랑에 흙탕물이 넘치면
몰래 숨겨둔 오동나무 열매를
길쭉한 대나무 꼬챙이로 꿰어서
돌을 납작하게 올려놓고
그 위에 물레방아처럼 놓아서
물이 흘러내려갈 때마다
물레방아는 돌아갔습니다

오동나무 열매로 물레방아를 만든 날
우리들은 가을비가 내리는 것을 기다리다 못해
언제나 골목길에서 하늘을 바라보았습니다

허수아비 꿈

바람이 그토록 불던 날
친구와 나는 옥수수가 팔을 벌리고
서걱거리는 곳으로 달려가고 있었다

우리는 옥수수들이 바람에 스칠 때마다
생각하는 소리를 들으려고 할 때마다
어느새 우리도 바람이 되어
옥수수에게 날개옷을 서로 입혀주고
온 들녘을 함께 날아다니며
옥수수처럼 익는 꿈을 꾸고 있었다

바람이 심하게 불던 날
우리는 들녘에서
추억의 잠자리 잡는 꿈을 꾸었다
대나무 빗자루를 들고서
물이 잘람거리는 연못에서
잠자리들이 날아와 앉을 수 있는
허수아비 꿈을 꾸며 돌아다니고 있었다

여름날 망중한

갯벌의 자갈을 걷어내고
담을 쌓아서 만든
우리 집 강가에 있는
모래와 흙이 섞여 있는 밭은
우리 식구들이 먹으려고
한쪽에 심어놓은 수박은
덩그러니 여기저기 앉아있습니다

밀짚모자라도 쓰고서
가지고 간 망태기 속에 수박을
여러 통 담아서 집에 가지고 오면
손이 닿은 우리 집 우물에 둥둥 띄워서
여름으로 꽉 차버린 속 빨갛게 익은
수박을 식히고 있습니다

오늘같이 여름이 뜨거운 날은
마당 앞에 들마루도 내어놓고
쑥으로 모닥불도 피어놓고
앞집 할아버지 옆집 할머니도 모시고
데워진 여름을
수박으로 식히고 있습니다

달 밝은 밤, 숨바꼭질

저녁 하늘이 너무나 밝아서
잠들지 못하고 골목길에 모여서
숨바꼭질을 하는 날

오늘은 달이 밝아
키를 재본 커다란 그림자라도 숨기려고
아이들은 골목길을 뛰어다니고 있다
오늘같이 하늘이 밝은 날이라면
별들도 서산 아래서 잠들지 못하고
아이들 손에 들려서 온 골목길 밝히느라
징검다리를 건너서 오고 있다

그처럼 마음이 밝던 그때는
달이 너무나 밝아
아이들 그림자는 너무나 크고
아이들은 골목에서 달그림자도 밟고
별들을 가지고 노느라
밤 깊은 골목길을 누빈다

남대천 여름날 하루

여름날 남대천 강가에
풀숲이 우거지면
흘러내리는 팬티를 입고서
활대 둘둘 말아가지고
물가로 먹이 찾아 나오는
붕어 잡으려 남대천 가로질러
개헤엄 치며 가고 있다

얕은 물가에서
노란 세금이 든 모래 입에 물고서
풀숲을 휘적거리는 붕어를
쪽대를 벌여 흔들기만 해도
잡을 수 있었다

잡은 붕어는 고무신에 넣어
풀잎도 넣어주고
어쩌다 손으로 잡은 송사리가
고무신 속을 돌아다니는 것이 신기하다
남대천에서 쪽대를 가지고 붕어를 잡는 날은
어느새 여름이 나의 등에
자국을 붉게 남기고 있었다

개헤엄

처음 강에서 개헤엄을 배우는 날
내 친구들은 나보다 먼저 헤엄을 치고
퐁당거리고 다니고 있어서
초등학교 5학년이 된 나는 물가에 가면
친구들을 부러워하곤 했다

그래서 오늘은 형과 함께
풍덩거리는 개헤엄을 배우려
강가 얕은 곳으로 따라가고 있다
개가 허부적이며
입을 내밀고 손을 흔드는 개헤엄은
마치 물속에 있는 돌멩이를 잡듯
손을 움직이면서
다리를 개구리처럼 움직여야 하는데
나는 열심히 하는데도
몸은 가라앉고 물이 무섭다

그렇게 5학년 여름은 지나가 버리고
6학년이 된 그다음 해, 이른 여름
벌써 남대천 가를
나는 풍덩거리고 돌아다니는
개가 되어 있었다

파란 낙서

중학생이 되어서 처음으로
파이롯트 잉크를 사던 날
나는 선이 없는 하얀 노트가
파랗게 질리도록 낙서를 했다

처음으로 써보는 잉크는
내 손에 자주 묻고
손으로 싹 닦은 입술은
잉크가 묻어
입술이 새파래지곤 했다

처음 파이롯트 잉크를 쓰는
내 마음도 파래져 하얀 종이에
달님에게 파란 글씨로 편지를 써보고
별님에게도 편지를 써보곤 했다

편지를 받는 날
달님과 별님도 나에게 답장을
푸른 하늘에 썼는데
파이롯트 잉크를 온 하늘에
구름들이 있는 곳마다
썼다는 것이다

개구리가 우는 날

개구리가 유난히 우는 날은
달도 너무나 귀가 밝아서
잠을 이루지 못한다

개구리 울음소리 들리는 날은
신작로에 서있는 미루나무도
커다란 잎을 흔들면서
잠들지 못하고 있다

동구 밖 외딴집에 삽살개도
달 보고 짖는 소리가
가까이 들린다고 고개를 흔든다

개구리가 유난히 우는 날은
달빛도 옷에 스며들고
호롱불도 유난히 깜박거리고
창문은 투명하게 비치도록
밝아 잠들지 못한다

누나의 색동옷

누나가 처음 입은 색동옷은
점 동네에서 아버지가
옹기를 여러 개 지고서
읍내 장에서 팔아서
추석빔으로 사다주신 거라

가슴이 설레는 누나는
색동옷을 몇 번이나 입어보고서
호롱불 아래서 끄덕거리며
바느질 하는 엄마 옆에서
별처럼 눈을 반짝이고 있는 거라

색동옷을 처음 입어본 날
누나는 달이 가슴속까지 찾아와
마음이 부끄러워
산 밑에 숨고 싶어 하는
마음으로 가득 찬다는 거라

그렇게 시오리 길을 다녀오신
아버지는 힘이 드셔서 아랫목에서
드르렁 거리는 소리로
깊은 잠이 들으셨다는 거라

여름날 원두막

여름날 원두막에 갈 때는
아랫도리에 바람이 시원하도록
다 들어오는 삼베바지를 입고서
가슴을 다 깎아내릴 수 있는
삼베 윗저고리 옷고름을
다 풀어헤치고 가도 좋으리라

여름날 원두막에서
오래된 춘향전을 다시 읽어도 좋고
그토록 효녀라고 칭찬을 하는
심청전을 읽어도 좋으리라

그렇게 마음이 식어지고
여름이 잠들도록 원두막 천장에
매달은 호야 불을 심지를 낮게 해도
마음의 빛으로 읽는 책은
가슴속 불빛으로 읽을 수 있으리라

여름날 원두막처럼만 바람이 분다면
강가에 심어 놓은 아카시아가
내 귓가까지 다가와 파도소리를 내며
원두막까지 밀려와 원두막에 걸터앉아
바다가 이야기 들을 수 있으리라

복숭아 원두막

학교 중간에 여름이 오고
복숭아가 익어가는 향기가 날 때면
나는 학교에서 돌아올 때는 버스를 타지 않고
걸어서 다니곤 했다
친구들이 같이 몰려서 다니는 것은
복숭아가 단맛을 익히는 언덕에서
배고픔을 복숭아로 채울 수 있기 때문이다

친구들은 돌아오는 차비를 걷어서 복숭아를 샀고
원두막이 삐걱거리도록 모여 앉으면
친구들은 허겁지겁 덜 씻겨 껄끄러움도 모르고
복숭아를 먹곤 하였다
무거운 가방을 보고 과수원 아저씨는
땅에 떨어진 약간 물렁거리지만
그래도 먹을만한 복숭아를
산에서 흐르는 물에 담갔다가 주시고
복숭아나무 옆에 있는 몇 그루의 자두는
따먹도록 승낙하셔서
우리는 입안이 빨갛도록 자두를 먹으며
여름을 달래곤 하였다

복숭아꽃

복숭아꽃은 언덕 위에서 붉어져
부끄러워 산 위로 올라가 숨으려 한다는 것을
나는 알고 있습니다

누나 치맛자락처럼 붉게 물들이고 싶어해
바람이 불면 날아가 여기 저기 앉아서
온산을 붉은 꽃비 내리도록
나비 날개처럼 날아가고 싶어 한다는 것을
나는 알고 있습니다

언덕 위에서 꽃잎을 씻을 수 있는
안개로 찾아간다면
누나의 속살 같은 속내도 보여주고
색동옷 같은 무늬도 보여주고 싶어 한다는 것을
복숭아꽃이 부끄럽게 흐드러진 날
얼굴이 붉어지는 마음으로
나는 알고 있습니다

식목일

오늘은 학교 뒷산
향노산에 나무를 심는 날
묘목 판에서 향나무와 소나무
잣나무를 뽑아 가지고
전교생이 나무를 심으려 간다

향노산은 바위도 많고 울퉁불퉁해서
자라난 나무는 잡목과 갈대밭
그리고 엉성한 몇 그루 미루나무와
굴밤나무들이 멀리서도 속이 다 보이도록
서 있을 뿐이다

먼 훗날을 위해 해마다 식목일이 되면
학교 뒷산 향노산에 잣나무도 심고
밤나무도 심고 소나무 전나무도 심어서
향노산이 숲이 우거진 모습을 그려보곤 했다

삼십 년이 지난 지금 향노산은
밤나무 잣나무 소나무 전나무가
커다랗게 숲을 이루고
여름이면 시원한 그늘을 내리고
약수도 나오고
겨울에는 가지에 하얀 설화를 피워서
아름다운 겨울왕국을 만든다

추억의 검정고무신

여름비가 끊임없이 내리면
검정고무신 신고서
학교에 바지를 걷고 가면
철벅거리는 빗소리가
내 등 뒤에서 따라 온다

고이는 웅덩이라도 있으면
꽉 소리가 나도록 밟아도 좋고
빗물이 발등을 타고 신발에 가득 고여도
털털 털기만 하면 된다

여름날 검정고무신 신고
학교에 가는 날은
비가와도 학교 가는 길이
그토록 재미가 있다

학교에서 오늘 내리막길에서
도랑 안에 배처럼 조그만
풀벌레를 잡아 고무신에 넣어서
아래로 떠내려 보내고 미끄럼을 탄다

맨발로 쭉쭉 미끄러지는
검정고무신을 따라가는 날은
온몸에 흙탕물이 튀기고
넘어져도 재미있는 날이다

풍금

이제야 가슴에
노래 빛이 비치는 이유는
어린 시절의 꽃다운 시절에
풍금 소리 나는 추억을
잊지 못해서 일 것입니다

교실 안이 환하게
다 비치는 키 작은 유리창 사이로
삐거덕 소리가 나도록
교실 안을 가득 채우는 풍금소리
그리고 가슴 저리게 불렀던
바위고개 노랫소리들

참으로 가슴이 벅차고
아름답게 꿈을 꿀 수 있는
노래 빛이 환하게 투명하게
교실을 밝혀주는
아름다움이 있는 곳이었습니다

순결했기에 가슴이 하얗게 불렀던
노래들이 그곳에는 언제든
가슴이 아리도록 떠다니고 있었습니다
이제야 노래 빛이 다시 비치는 것은
순결한 가슴이 하나 더 남았기 때문입니다

첫 휴가의 추억

첫 휴가를 설레이며 기다리던 때
담배를 피우지 않는 나는
첫 휴가 갈 때 가져가려고
별사탕과 동그란 사탕도 받지 않고
담배를 받아 사물함에 꼬박꼬박 챙겼다

첫 휴가를 가는 날
모아놓았던 담배를 한 보따리
싸들고서 순천역에서
기차표를 바꾸어서
대전행 열차를 탔다

호남선 열차는 역마다 다 쉬어 가는
완행열차여서 기차는 하품 하면서
가다 쉬고 가다 쉬고
나도 열차처럼 자다 깨다
흔들리며 끊임없이 가고 있었다

그러나 정작 서대전역에서 내릴 때
나는 기차 위에 올려놓았던
선반 위에 있는 담배는 놓아두고
허겁지겁 내려 버렸다
할머니께 드리려고
몇 개월이나 모은 담배였는데 놓고 내렸으니
마음이 서러웠다

할머니 죄송합니다

고구마 감자 캐는 날

잔모래가 많은 갯벌 밭에 심어 논
감자와 고구마를 캐러 가는 날
아버지는 아침 일찍 쟁기와 소를 몰고 가시는
발걸음이 앞으로 넘어질 듯
쓰러지는 데도
아버지는 일찍 갯벌 강변에
황소를 매러 가셨다

가을 감자와 고구마를 캐는 날은
나는 가마니와 괭이와 동생을
리어카에 싣고서
돌이 울퉁불퉁 솟아있는 강변길을
신나게 달려서 밭으로 갔다

강변 한쪽에 어머니는 이제 막 캐낸
감자와 고구마를 찌려고
납작돌을 고여서 양은솥을 걸어놓고
누나는 강변 물이 솟는 곳으로
마실 물을 뜨러 주전자를 들고 갔다

이런 날에는 하늘도 맑아서 바람이 송송 불고
강변에서 부는 바람이 가져온
강물의 땀을 만짐도 시원했다
아버지는 소를 몰면서 쟁기로 땅을 갈아엎으면
우리들은 맨발로 걸어 다니며 주워담았다
우리는 신이나서 소리를 질렀다

꿈을 먹고살았던 시절

꿈을 먹고사는 시절에는
달빛이 가슴에 닿기라도 하면은
달빛에 비치는 순결함 때문에
나는 부끄러움을 타곤 했다

꿈을 먹고사는 그 시절에는
저녁하늘이 너무나 높고 맑아서
하늘에서 울리는 별들의 종소리가
온 하늘에 구름처럼 퍼지고 있는 것을
한눈에 볼 수가 있었다

꿈을 언제라도 먹었던 그 시절에는
언제든 오솔길이 내 앞에 늘어서 있었고
그 오솔길을 따라서 걸어가면
달님이 기다릴 것만 같은
그리움 때문에 마음이 설레며
가슴은 두근거리고 있었다

그처럼 꿈은 늘 달콤해서
가슴에 안기만 해도 아름다운 생각으로
가득 찰 수 있었고
그처럼 꿈은 늘 아늑하고 한가로워서
가슴에 품기만 해도
기다리는 마음을 가질 수 있었다

왕방울만한 소낙비

왕방울만한 눈을 크게 뜨고
잠을 이루지 못하고
신작로에 심어진 미루나무들은
여름 저녁 소낙비라도 올까봐
가슴이 설렙니다

오늘은 달궈진 가슴을 부채로 부치며
잠을 들지 못하고 있습니다
바람소리와 앞 논에서 풍덩거리는
개구리 소리가 들리면
미루나무들은 가슴을 졸이며
왕방울만한 눈을 크게 뜨고
하늘을 쳐다봅니다

여름 저녁 하늘에는
별들만 총총 걸음으로
서편 마을로 마실을 가고
미루나무는 마음을 식히도록
왕방울만한 소낙비가 내리기를
큰 손바닥 싹싹 비빕니다

별이 내리는 운동장

눈이 내린 운동장에서
별의 모습을 그리는 것은 어렵지 않다
별은 눈 속에 자신의 눈물을 흘려서
자신을 닮은 모습을
우리들 가슴속에 그려넣으려고
눈이 내리는 날은
눈과 같이 내리기 때문이다

그래서 운동장에서 하얀 가슴과
손이 호호거리는 하얀 입김으로
별이 내린 운동장에 그림을 그린다면
운동장은 우리들의 하얀 입김과
하얀 손과 발로 다듬어 놓은 별들이
운동장을 가득할 것이다

마음이 순결하여 운동장에
하얀 눈으로 별을 그리던 시절
우리는 온 운동장을 헤매고 다닐 때마다
그곳에서 가슴 따뜻한 별들 가슴도 만지고
별들 마음도 어루만지며
별처럼 하얗게 변하고 있었다

떠돌이 약장사

읍내 장터에 떠돌이 약장사라도 오는 날은
넓은 장터에는 춘향이와 심청전 연극이 열리고
매일 한 막씩 무대에 열리고 있어서
일찍 저녁을 먹고 연극을 보려고
우리들은 깔개를 가지고 앞 다투어
천막극장이 있는 장터로 달려갔었다
떠돌이 약장사들은
마술을 하는 사람들과 항상 같이 다닌다
탁구공을 여러 개 만들기도 하고
손으로 아무 곳이나 가리키면
담배를 만들어 내는 마술과
손에 천을 넣으면 비둘기가 나오는
마술이 재미있었다
우리들은 보고 싶어 장터에 그들이 오기만을
손꼽아 기다렸고 어떨 때는 병이나서
끙끙 앓아 눕기도 했다

5부
나는 바람이었습니다

사노라면

사노라면 그런 날들이 있겠지요
바람처럼 날개를 달고 구름 위에 올라가
고향의 강위에 내리는 소낙비의 의미를
들여다 볼 수 있는 날들이 있겠지요

사노라면 그런 날들이 오겠지요
새처럼 하늘높이 날아올라
고향의 푸르고 넓은 하늘이
가슴이 상큼해지도록 밝은 색인 것을
다시 들여다 볼 수 있는 날들이 오겠지요

별들이 밝게 하늘에 떠있던 이유도
보름달이 앞산에 허리 굽은 소나무에 앉으려고
언제나 밝게 지붕 위를 지켜보던 마음도
다시 알아볼 수 있는 날들이 오겠지요

오솔길의 정다움도 꼬불거리는
논길에 휘적거리며
그림자가 다 넘어지던 신작로에 서있는
미루나무에 누워있는 마음도
사노라면 아름다운 마음으로 물어 볼
그런 날들이 오겠지요

배려 못한 상처

내 가슴이 작아서
새처럼 작은 둥지 안에서
눈물 한 방울 흘립니다
새처럼 흘리는 눈물 한 방울에는
나의 가슴속에 몰래 숨겨둔 슬픔이
흘러내리고 있어서
가슴이 작은 나는 가슴이 다
흘러내릴 것만 같습니다

새처럼 가슴이 작아서
새처럼 작은 둥지 안에서
남은 눈물 한 방울 흘리고 있습니다
마지막 남은 순결함을 남겨두려고 했던
눈물도 이제는 마저 흘리고 있습니다
이제는 하나 남은 가슴마저 없어서
마지막 남은 눈물로
남은 가슴마저 다 흘러내리고 있습니다

새처럼 가슴이 작아서
작은 둥지 안에서
마지막 남은 한 방울의 눈물마저
흘리고 있습니다

나는 바람 이었습니다

나는 바람 이었습니다
가을 갈기를 가진
갈대의 생각을 흔들어 놓을 수 있는
나는 바람 이었습니다

나는 바람이었습니다
가을 산 위에 물들어 있는
붉은 옷과 노란 옷고름을
다 흔들어 놓을 수 있는
나는 바람 이었습니다

가을 가슴에 잃어버린
뜨거운 여름의 추억들이
다시는 생각나지 않도록
가을 꿈을 흔드는
나는 바람 이었습니다

그래서 나는 바람처럼 날개를 가졌고
바람처럼 가을을 흔들 수 있는 손도
바람처럼 꿈을 흔드는 생각도
언제든 가질 수 있는 나는
바람 이었습니다

별을 닮은 눈이 큰 아이

눈이 큰 아이는
별을 닮았다
별처럼 눈을 깜박일 때마다
그의 가슴에 있는 파란 하늘에선
별빛이 반짝 입니다

눈이 큰 아이는
별처럼 반짝이고 싶어 하는 순결함을
언제나 커다란 눈 속에 가득 채우고 있습니다
누구든 그 아이를 사랑해서
별처럼 볼 수만 있다면
그 아이는 순결함으로 반짝이고 싶어 하는
마음을 나타내고 있습니다

눈이 큰 아이는
고향을 들여다 볼 수 있는
별 같은 마음을 가지고 있습니다
산 너머 고향의 소나무 숲과
고향의 푸르고 깊은 강도
그의 마음에는 별처럼 들어있고
푸른 들녘에서 눈물처럼 반짝이는
따스한 햇살들도 그의 눈 속에는
반짝이고 있습니다

잠 못 이루는 밤

달빛이 너무나 밝아서
잠 못 이루는 밤이 계속 됩니다
바람소리에 찾아오는 별들의 소리가
잠을 못 이루게 합니다

달처럼 마음이 밝아서
잠 못 이루는 밤이 계속되고 있습니다
별처럼 조각나는 생각들이 너무나 많아
잠을 못 이루게 합니다

산 너머에서 소쩍새 소리라도 들리면
임의 발자국 소리라도 들릴까봐
잠 못 이루는 밤이 계속 됩니다

떠나실 때는 말없이 가셨지만
돌아오실 때는 커다란 발자국소리로 오실까봐
잠 못 이루는 밤이 계속 됩니다

가랑비처럼 마음을 적시는 소리에
어느새 다 젖어 눈가에 눈물만 남아
잠 못 이루는 밤이 계속 됩니다

파라다이스

숲이 되어 새소리를 듣게 된 날
이제야 숲처럼
꿈동산에 나무를 심고 있는
나를 발견하게 되었다

나무는 벌써 온통 푸르도록
무성하게 우거지고
풀잎에서는 벌써 풀벌레들의
가을음악회를 준비하느라
숲속에는 새들이 날아오기를
기다리고 있는 것을
나는 숲이 되어서야 발견하였다

숲이 되어 새소리를 듣게 된 날
커다란 가지를 내려 새들이 비를 피하고
노래하는 둥지를 만들고 있는 나를 보았다
어머니 숲처럼 둥지를 만들고 있었다

숲이 되어 새소리를 듣게 되던 날
내 고향의 새들이
소나무 소리도 갈잎 소리도
굴참나무 소리도 물푸레나무 소리도
다 들려주고 있었다

보리처럼 생각이 익는 날은

보리처럼 온 몸이 익는 날은
맨 땅에서 훅훅 거리는 땀 냄새가
온몸을 후끈 적셔도
달짝지근하고 고소한 생각만을
떠올릴 수 있게 되는 거라

그곳에는 벌써 새끼를 낳고
둥지를 만든 종달새의 울음소리도
보리처럼 구수하고
이제 사 비탈진 보리밭을 달리게 된
새끼 꿩들이 꽁지를 세운 모습은
우습기만 한 거라

구수한 보리 냄새 때문에
까투리 엄마 꿩을 졸라서
보리댓짚 가는 잎사귀로 침대를 만들어
둥지 안에 넣어 둔지가 오래여서
달리기라도 하는 날은
새끼 꿩들은 땀을 씻으면서
낮잠이라도 잔대나

보리처럼 온몸이 익는 날은
몰래 찾아온 비둘기도
꿩처럼 소리를 죽이고
부드러운 잎만을 모아서
두 개의 알을 품을
침대를 몰래 만든다나

향노산 보리 바람

향노산 산자락에서 걸려있는 밭에서
보리 타작을 해서 부스러기만 남은
보릿짚은 커다랗게 쌓아놓는다

학교가 끝나고 향노산에 올라간 소년은
보리댓짚으로 커다란 방을 만들어
미루나무 아래 하루 종일
다리가 아픈 바람을 데려와
보리댓짚에서 한여름
시원한 잠을 자도록 만들었댓지

여름 바람은 부끄럼도 잘 타고
얼굴이 잘 붉어지기도 해서
소년이 만들어 놓은 바람 보릿짚에서
쉬기라도 하면은
보리댓짚마다 붕붕 소리 나는
바람소리를 내고만 있었지

그래서 우리는 그곳에서
학교 도서관에서 빌려온
동화책도 읽어보고
문학소설도 읽으면서
여름 바람과 함께 여름 이야기를
언제나 만들고 있었지

달빛소나타

달빛이 비치는 곳마다 방아깨비는
달빛을 가슴에 담아서
숲속에서 풀잎 소리와 함께
방아를 찧고 있었다

찌르륵거리는 여치도
달빛을 가슴에 담아서
숲속에서 달빛으로 만든 기타로
잃어버린 노래 되살리느라
기억을 더듬어 숲속으로
추억의 길을 가고 있었다

가슴에 아련히 고여 오는
슬픔을 잊으려고
나무를 쪼아대던 딱따구리는
숲속에서 잠들어버린
달빛 가슴을 다 후벼
흔들어 놓은 지가 오래다

숲속에서는 달빛이 비치는 곳마다
방아깨비소리와 여치소리
딱따구리의 잠들지 못하는 소리 때문에
오늘밤은 잠들지 않고
하얗게 내리는 이슬을 담으려고
잠들지 못하는 풀잎들이
온통 고개를 끄덕이고 있었다

백구석 황금모래

백구석에서 여름을 보내려고
온통 다 발가벗고서 개헤엄을 치면서
퉁탕거리기라도 하는 날은
백구석에 둑을 이루고 있는 모래로
물에 젖은 온몸에 모래를 바르고
백구석 찬물에 몸이 식지 않도록
개헤엄을 치면서 하루를 보낸다

모래를 온몸에 바르는 날은
모래 속에 들어있는 금색 소재들을
온몸에 임금님 옷처럼 입히고
서로 몸을 쳐다볼 때마다
백구석 가는 모래에 들어있는
찬란히 빛나는 황금빛을 볼 수 있었다

여름이어서 볼 수 있는 생각들
뜨거운 햇살에 익힌 몸에 칠해진 모래는
가슴을 식히는 강물 속에서
몸을 더 떨게 하는 물옷이 되었다

만월

당신 앞에 다가가는 것이
그리도 멀었습니다
하얗게 가슴을 채우고
산 위에 두둥실 떠올라 물레방아 있는
당신의 마을을 비출 수 있는데도 말입니다

당신에게 다가가는 것이
그리도 멀었습니다
별처럼 꿈을 가득 채우고
숲이 있는 나무들 사이에
당신의 눈물처럼 매달려서
보석처럼 빛나는 별이 되었는데도
당신이 있는 물레방아가 있는 마을에
다가가는 것이 그토록 멀었습니다

당신에게 다가가는 것이
그토록 멀었습니다
정답던 오솔길도 변함이 없고
앞산 소나무 솔향기도 변함없는데도
슬픈 추억 때문에 마음이 여린 나는
당신에게 다가가는 것이 그토록 멀었습니다

사랑하는 가슴을 가진다는 것은

사랑하는 가슴은 가진다는 것은
하얗게 부서지는 물방울을 만드는
물레방아를 돌리는 것이다
한 바퀴 돌아가는 삐거덕거리는 소리마다
다시 물방울을 담으려는
속이 깊은 가슴이기 때문이다

사랑하는 가슴을 가진다는 것은
끊임없이 풀이 서있는 둑을 따라
흘러 내려와 세차게 가슴에 흐르도록
좁혀진 도랑 사이에서
한순간에 가슴을 모으면
삐거덕거리는 소리를 내고 있는 달처럼
물레방아가 세차게 돌아가야 하기 때문이다
그렇게 세차게 가슴을 돌릴 때는
물방울처럼 부서지는 가슴을 보면 안 된다

사랑하는 가슴을 가진다는 것은
떨어진 하얀 물방울 같은 생각들과
마음들을 다시 조각조각 모아서
커다란 강가에 흘러 들어가
달처럼 물레방아 소리를 내는 것이다

뒷산이 툇마루 앉아

여름 이래도 툇마루에 앉아
여름 가슴을 열고 뒷산의 모퉁이
바람이라도 펄렁이도록 불어오기를 바라면
모퉁이 바람은 솔가지 흔드는 소리로
다가오고 있었다

북쪽 그 뒷산에 불어오는 여름바람은
산 너머에 있는 여름 냄새를 가지고 있어서
여름이 알려준 네모난 목침을 베고
하늘이라도 바라보면
여름은 그렇게 내 가슴에서부터
식어가고 있다

뒷산이 뒷마루에 앉아 모퉁이 불어오는
바람 이야기 할 수 있는 날은
가슴에 여름이 들어와 후끈거려도
시원하게 여름을 한달음에 식힐 수 있다
뒷산이 우리 집 뒷마루에 찾아온 날 말이다

강변의 추억

냇가에서 온몸이 타도록
물장난 치고 텀벙거리는 날
귀에 들어간 물 때문에 아이는
납작하고 길다란 돌을 골라서
귀에 대고 고개를 젖힌 채
뛰어다니곤 했다

온몸이 여름처럼 벌겋게 익도록
강변에서 노는 날은
아이는 강 소리를 듣고 싶어
손을 모으고 귀에 대면
물소리 들려주고 싶어 하는
강가에서 불어오는 바람은
어머니 같은 바다 소리를
귓가에 들려주고 있었다

아이는 아버지 휘파람 같은
바다 소리를 듣고 싶은 날은
그렇게 언제든 강가에서
여름처럼 온몸이 다 익는 날이래도
물장구도 치면서 물속에 잠겨
생각에 잠겨 있으면 되었다

네 개의 태양

나의 달력에는
네 개의 해가 그려져 있다
눈이 내리는 해가
눈처럼 소복거리는 소리를 내면
나의 달력에서
한 개의 해가 떨어져 나간다

꽃이 피고 나비가 날면
꽃바람을 날리려고 하나의 해가
따듯한 옷을 입고 날아간다

나무가 옷을 입고 신록의 계절이 되면
가지에 새들이 날아와 둥지를 만들고
또 하나의 해가 그림자를 가지고
가슴을 뜨겁게 열어 간다

온 세상이 붉게 물들고
서녘 하늘에 노을을 만들고 싶어 하는
마음이 있으면 언제든 하나 남은 해가
가을처럼 미련 없이
나의 달력에서 날아가 버리고
나의 달력은 빈 공간만 남게 된다

한용운문학상 수상 시집

달이 별빛을 사랑하던 날

정세일 서정시집

발행일 _ 2022년 1월 30일
발행인 _ 이정록
발행처 _ 도서출판 샘문
저　자 _ 정세일
감　수 _ 이정록
기　획 _ 최지은
편집디자인 _ 신순옥
인　쇄 _ 도서출판 샘문
주　소 _ 서울특별시 중랑구 동일로 101길 56, 3층(면목동, 삼포빌딩)
전화번호 _ 02-491-0060 / 02-491-0096
팩스번호 _ 02-491-0040
이메일 _ rok9539@daum.net / saemteonews@naver.com
홈페이지 _ www.saemmoon.co.kr (사단법인 문학그룹 샘문)
　　　　　 www.saemmoonnews.co.kr (샘문뉴스)
출판사등록 _ 제2019-26호
사업자등록증 등록 _ 113-82-76122
샘문사이버교육원 (온라인 원격)-교육부인가 공식교육기관 _ 제320193122호
샘문평생교육원 (오프라인)-교육부인가 공식교육기관 _ 제320203133호
샘문뉴스 등록번호 _ 서울, 아52256
ISBN _ 979-11-91111-31-6

본 시집의 구성은 작가의 의도에 따랐습니다.
이 책의 저작권은 저자와 도서출판 샘문에 있습니다.
무단 전재 및 표절, 복제를 금합니다.

파손된 책은 구입처에서 교환해 드립니다.
본지는 한국간행물 윤리위원회 윤리강령 및 실천요강을 준수합니다.

도서출간 안내

도서출판 샘문 에서는

시인님, 작가님들의 개인 〈시집〉 및 〈수필집〉, 〈소설집〉 등을 만들어 드립니다.
시집(시, 동시, 시조), 수필집, 소설집(단편, 중편, 장편), 콩트집, 평론집, 희곡집(시나리오), 동요, 동화집, 칼럼집 등 다양한 장르의 출판을 원하시는 분은 언제든지 당 문학사 출판부에 문의해 주시기 바랍니다.
좋은 책을 만들어 드리기 위해 최선의 노력을 다하겠습니다.

빅 뉴스

필명이 샘터인 이정록시인 (아호 : 지율, 승목)이 2020년 7월 31일 재발행한 「산책로에서 만난 사랑」이 오프라인 서점, 온라인 서점, 오픈마켓에서 절찬리에 발매 되었으며, 특히 교보문고 에서는 1년간 베스트셀러를 기록하였으며, 현재 스테디셀러를 지속하고 있습니다.
샘문 시선집으로 유수에 로뎀 출판사와 저명 시인들을 제치고 베스트셀러를 기록한 후 스테디셀러 행진 중이며 교보문고 「골든존」에 등극한 것은 샘문 시선집의 브랜드력과 당 문학사 대표 시인인 이정록 시인의 저명성과 주지성이 독자 확보력이 최선상임이 증명 된 사례입니다. 또한 네이버에서 〈판매순위〉, 〈평점순위〉, 〈가격순위〉를 교보문고 등에서 1위를 지속하고 있는 시집을 네이버에서 전국서점을 모니터링 한 후 베스트셀러로 선정하였고, 이어 원형에 붉은색 사인(sign) 낙관을 찍어 줬습니다. 그 후 서창원 시인의 〈포에트리 파라다이스〉가 베스트셀러로 선정되었으며 강성화 시인, 박동희 시인, 김영운시인, 남미숙시인, 최성학시인, 서창원시인 시집이 또 베스트셀러로 선정되었습니다.
그 이후 이정록 시인에 후속 신간 시집 〈내가 꽃을 사랑하는 이유〉와 〈양눈박이 울프〉신간 시집이 3개월 째 베스트셀러(교보문고) 행진을 지속하며, 3쇄를 완판하고 현재 「골든존」에 등극하여 현재 전시 중 입니다.

샘문특전

교보문고, 영풍문고, 인터파크, 알라딘, 예스24, 11번가 GS Shop, 쿠팡, 위메프, G마켓, 옥션, 하프클럽, 샘문쇼핑몰, 네이버 책 등 주요 오프라인, 온라인, 오픈마켓 서점 및 쇼핑몰에 공급하고 있습니다.
기획, 교정, 편집, 디자인에 최고의 시인(문학박사) 및 작가등 전문가들이 참여하여 감성이 살아있는 시집, 수필집, 소설집을 만들어 드립니다. 인쇄, 제본 용지를 품질 좋은 우수한 것만 사용합니다.
당 문학사 컨버전스 감성시집과 샘터문학신문, 홈페이지, 샘문 쇼핑몰, 페이스북, 밴드, 카페, 블로그 합쳐 7만명의 회원들이 활동하는 SNS를 통해 홍보해 드립니다.
당 출판사를 통해 국립중앙도서관 및 국회도서관에 납본하여 영구보존합니다.
당 문화사 정회원은 출판비 〈10% 할인〉이 적용됩니다.
교보문고 광화문 본점 매장에 전용판 매대에 전시됩니다.

문 의 처

TEL : 02-496-0060 / 02-491-0096 | FAX : 02-491-0040
휴대폰 : 010-4409-9539 / 010-9938-9539
E-mail : rok9539@daum.net
홈페이지 : http://www.saemmoon.co.kr
http://www.saemmoonnews.co.kr
주소 : 서울시 중랑구 101길 56, 3층 (면목동, 삼포빌딩)
계좌번호 : 농협 / 도서출판 샘문 351-1093-1936-63

신문학헌장

문학이 인간에게 어떤 역할을 하는지, 주는 감동이 얼마나 큰 것인지를 알아야 한다.

작품을 출산하고 매체를 통해서 보여주고 이를 인간이 향수할 때 비로소 본질을 찾을 수 있다.

시인, 작가들은 청정한 생명수가 솟아나는 샘물을 제공하는 마중물이 될 것이며 노마드 신문학파로서 별들이 꿈꾸는 상상 속 초원을 누비며 별꽃을 터트려야 한다.

문학활동은 인간의 영성을 승화시켜 은사적, 이타적 인생을 살아가도록 구축해 주는 도구로 인간이 창조한 가장 심원한 예술이며, 갈구하는 본향을 찾아가고 이상을 실현시키는 수단이다.

문학인은 시대정신을 바탕으로 황폐화된 인류의 치유와 날선 정의로 부패한 권력과 자본을 정화하고 보편적 가치로 약한 자를 측은지심으로 대하는 보호자가 되어야 한다.

우리는 작금의 한국문학을 점검, 반성하며 이를 혁신하여 시대와 국민과 문학인이 함께하는 문학헌장을 제정하여 신문학운동을 전개할 것을 선언한다.

첫째 : 삶에 기여하는 숭고한 문학을 컨버전스화 하고 고품격 콘텐츠로 승화 시켜 인류가 향수하게 한다.

둘째 : 수천 년 역사의 한민족 문화콘텐츠를 한류화하여 노벨꽃을 피우고, 인류의 평화, 자유, 행복에 기여한다.

셋째 : 위대한 가치가 있는 문화이기에 치열한 변화를 모색하고 품격을 최선상으로 끌어올려 세계문학을 선도하자.

2021. 06. 06

헌장문 저자 이정록